Juan Carlos Jimén

I0060045

Arte Supremo
50 Prácticas de buena
atención al cliente

COGRAF

Una edición de Cograf Comunicaciones
Caracas, Venezuela - Diciembre 2010
www.artesupremo.com

Arte Supremo
50 Prácticas de buena atención al cliente
Primera Edición: Diciembre 2010

ISBN: 978-980-12-4616-9
Depósito Legal: lf25220103313346

www.artesupremo.com
Twitter: @ArteSupremo - @jucarjim

Ediciones de Cograf Comunicaciones
www.libroscograf.com

C O G R A F

Av. Francisco de Miranda con Av. Principal de Los Ruices,
Centro Empresarial Miranda, Piso 1, Ofic 1K. Los Ruices.
Caracas 1070, Venezuela. Telfs./Fax: (+58 +212) 237-9702
Rif: J-30336261-3
E-mail: contactocograf@cograf.com
www.cograf.com

El arte supremo conquista aplausos

El arte emociona. El arte conmueve. Se hace notar. Atrapa nuestra atención y nos embeleza. El desempeño artístico nos deslumbra, nos toca el alma, nos fascina y nos llena de aplausos que necesitamos exteriorizar acompañados de "¡viva!", "¡bravo!", "¡guao!"...

El artista transforma lo simple y lo ordinario en momentos extraordinarios. Hace que las labores o las funciones complejas luzcan sencillas, fáciles de hacer y hasta divertidas. Además, lo hace con pasión y disfrute. Es comprensible que el trabajo artístico no pase desapercibido.

Así, el aplaudirlo surge como un tributo, un agradecimiento y un gesto de admiración para esa persona que nos ha proporcionado una gran emoción.

El artista influye en el estado de ánimo, vence la indiferencia, la monotonía, el descuido, la rutina. Su trabajo artístico es superior al trabajo común y corriente o al trabajo promedio. El artista se exige a sí mismo mucho más. No se conforma con hacer bien el trabajo, quiere hacerlo "fuera de serie", que se destaque. Busca deliberadamente conmover, emocionar y conquistar aplausos.

Desde un punto de vista profesional, resulta particularmente interesante y útil pensar en el trabajo con nivel artístico, porque se puede comparar con otros trabajos. Permite diferenciar si tu labor emociona y genera aplausos o no, y si te estás desempeñando o no como un artista.

Brindar atención al cliente como un artista reta lo mejor de nosotros mismos. Es una dimensión del profesionalismo que sólo se alcanza cuando se asume como una decisión personal. Sin embargo, la perspectiva del arte es aún más amplia y significativa cuando decimos que se trata de "arte supremo".

Es una idea inspirada en la premiada película "La vida es bella", de Roberto Benigni. El personaje principal de la trama, Guido, recibe una lección universal por parte de su tío cuando lo entrenaba para el trabajo: "Servir es un arte supremo. Dios sirve al hombre pero eso no lo convierte en su sirviente."

¿Cuántas veces has leído o escuchado que el trabajo de brindar atención a las personas es tan supremo que se parece al trabajo de Dios? Sin dudas es una manera especial de honrar este trabajo, pero muy pertinente si se toman en cuenta los complejos que pueden haber alrededor del servicio y la atención.

Suele haber mucha resistencia y chantaje social que frena la proactividad personal. Pero si se asume como un arte supremo entonces se trata del trabajo más digno del ser humano.

Servir a las personas, con plenitud, de manera espléndida, no nos hace sirvientes sino profesionales extraordinarios y nos convierte en mejores personas.

"Arte Supremo" es una idea que nos ofrece la oportunidad de reflexionar y aprender sobre la atención al cliente hasta con sentido de elegancia y distinción.

En estas páginas te invito a refrescar todos los días la dignidad que hay en cada acto de buena atención, desde el más pequeño hasta el más trascendente.

Por favor, si quieres intercambiar conmigo tus impresiones sobre las ideas que te propongo en este libro, escríbeme a jucar@cograf.com. Atenderé agradecidamente tus comentarios.

Juan Carlos Jiménez
Diciembre 2010

Contenido

Atender no es igual a atender bien.

En este libro vas a encontrar 50 ejemplos de comportamientos específicos que caracterizan *la buena atención al cliente*. Uno de mis objetivos es que comprendas las diferencias entre atender y atender bien. Así podrás mejorar tu desempeño de inmediato.

La mayoría de la gente que trabaja atendiendo personas no está consciente de estas diferencias. Si las conocieran atenderían mejor. Y justo por desconocerlas, muchos clientes reciben mala atención en muchas empresas y organizaciones todo el tiempo.

Por ejemplo, es muy difícil que un cliente se sienta bien atendido por una persona que está escribiendo mensajes de texto en su teléfono celular o interactuando con la computadora, sin quitar nunca los ojos del aparato para establecer contacto visual con el cliente.

Atender no es suficiente. Atender bien se relaciona con la cantidad y calidad de *atención verdadera* que les das a *tus* clientes. La mayoría de las personas que logran comprender lo que implica una buena atención alcanzan una gran satisfacción personal por su trabajo. Sentirse útiles ayudando a las personas les proporciona bienestar en todos los sentidos.

¿Por qué digo "atención verdadera"? Porque los clientes saben diferenciar muy bien cuando la atención es fingida y **aparentemente** sin fastidio o amargura.

En materia de atención al cliente, la noción de lo "verdadero" es semejante al concepto de "calidad total". La atención verdadera es auténtica, fidedigna, verosímil, genuina, comprobable, oportuna, no deja lugar a dudas y se ofrece **con gusto**.

Esto explica por qué el contacto visual, por citar sólo un ejemplo, es tan importante para los clientes. Si al estar frente a ti, no miras al cliente a los ojos, él **sentirá** que tu atención y valoración a su persona son parciales. Así es muy difícil que llegue a sentirse bien atendido.

Otra intención de este libro es que también identifiques y comprendas las diferencias entre "el servicio" y "la atención" al cliente. La mayoría de las personas utilizan estas palabras como sinónimos. Pero los **profesionales** mejor preparados saben cuándo y por qué es importante diferenciarlas.

"Servicio" es lo que brindan tú y la empresa en que trabajas.

Por ejemplo, en un Banco **proporcionan** productos financieros, pero también información, y tienen diferentes medios para atender a los clientes: Oficinas, centros de contacto telefónico, cajeros automáticos, e-mail y sitios en Internet. Todo esto es parte de sus servicios.

En el caso de un restaurante el servicio está constituido por la calidad de la comida que **sirven**, pero también por el tiempo que toman para servirla, la variedad del menú, el precio, la conducta de los mesoneros y el resto del personal, y la limpieza de los baños.

En una empresa de telefonía o de TV por cable el servicio está representado por la calidad de la conexión, pero también por el tiempo que toman para responder las solicitudes e inquie-tudes de los clientes, y por lo que dicen o dejan de decir los empleados cuando los atienden.

En cualquier empresa el servicio también está representado por la puntualidad de su funcionamiento, por el **cumplimiento** de todo lo que prometen y por la imagen que dan, bien sea a través de sus instalaciones y recursos, o por la apariencia de sus productos y trabajadores. Por eso puede resultar hasta inapropiado que una empresa tenga un "Departamento de

Servicio al Cliente", porque todo lo que hace o deja de hacer termina traduciéndose en servicio para sus clientes.

Es decir, el servicio no es un aspecto exclusivo de uno de los departamentos de la empresa. Por eso no son pocas las veces que debes atender a personas que tienen quejas originadas en diversas áreas y procesos de la organización en la que trabajas.

No obstante, hay partes del servicio que dependen de *tu decisión e iniciativa individual:*

1. La higiene y pulcritud de tu imagen personal;

2. Tu preparación profesional y en especial la conciencia de tu lenguaje (verbal y no verbal);

3. El conocimiento integral que tienes sobre la empresa en la que trabajas y *todos* sus procesos y productos;

4. La calidad de la información que le das a los clientes en *todo* momento.

Aquí comienza la diferencia entre servicio y atención.

"Atención" es la forma en la que tú das servicio.

La calidad de la atención está determinada por tu decisión personal sobre *cómo trabajas*: Cómo te comportas, cómo procedes, cómo escuchas, cómo miras, cómo hablas, cómo te sientas o cómo caminas, independientemente del servicio.

Los recursos que tienen las empresas para brindar servicio sólo son medios que cobran vida a través de ti y tu forma de trabajar. Es decir, la buena atención al cliente depende 100% de *cómo decidiste* hacer tu trabajo y cumplir con tus responsabilidades profesionales.

La empresa pone los canales de servicio que pueden facilitar la atención, pero la atención la das tú. O, mejor dicho, *tú eres la atención*.

Este principio permite explicar por qué los clientes disgustados con el servicio pueden quedar muy satisfechos con tu atención. Por ejemplo:

* Si te solicitan información y respuestas que desconoces, puedes comprometerte a buscarlas y proveerlas en un lapso determinado. Eso depende de *tu decisión*.

* Si la solución de un caso no depende de ti o de tu departamento, puedes **atender y ayudar** al cliente convirtiéndo-
te en su representante frente a la persona o departamento
que corresponda. Eso depende de tu decisión.

No estoy diciendo que la atención es más importante que
el servicio. Sólo busco mostrarte por qué debe ser importante para ti comprender que **la diferencia la haces tú**.

Que el servicio sea bueno es una responsabilidad de cada
empresa y parte de tu responsabilidad profesional. Pero la
excelencia en la atención es algo personal que decides tú,
y constituye el foco principal de esta publicación.

En este sentido, cada una de las 50 prácticas de buena
atención al cliente que vas a conseguir en este libro tiene el
objetivo de proporcionarte una guía para mejorar, consoli-
dar y dignificar tu trabajo diario.

¿Por qué 50 prácticas?

Te sugiero que uses este libro como **un plan anual** de entrenamiento. Aunque son 50 prácticas, te recomiendo que realices una evaluación cada 6 meses. Así completarás las 52 semanas de un año.

1°) En la primera semana lee rápidamente, "a vuelo de pájaro", las 50 prácticas y evalúa con cuál frecuencia realizas cada una de ellas:

1 = Nunca
2 = Casi nunca
3 = A veces
4 = Casi siempre
5 = Es un hábito

Con este ejercicio obtendrás una referencia de las oportunidades que tienes para hacer ajustes y mejoras en **la calidad** de atención que brindas.

Si le quieres sacar aún más provecho, pídele a tu jefe o a algún compañero de trabajo que por favor te haga la evaluación. Por lo general, ellos serán observadores más objetivos que tú. Además, con las respuestas de tu jefe, contarás con una guía inmediata para que tu desempeño sea más cónsono con lo que él espera de ti.

2º) A partir de esta evaluación, comienza a desarrollar una práctica cada semana.

En este caso, "desarrollar" significa leer, releer, pensar y compartir **tus reflexiones** sobre los significados e implicaciones de la práctica que te propongo. Si se trata de una idea que ya conoces, aprovecha la oportunidad para refrescarla, **repasarla** y ampliarla.

3º) En la semana 26 (seis meses después), vuelve al punto 1º, y realiza nuevamente la evaluación que te recomendé. Con esto podrás apreciar tus avances y las áreas en donde debes mejorar más.

4º) En la semana 27 retoma el desarrollo de una práctica semanal, a partir de la conducta 26. Así llegarás hasta la semana 52.

5º) Al año siguiente, repite este ciclo.

Recuerda que mantener, refrescar y practicar de manera constante estas conductas es como **llevar al gimnasio** el espíritu y el compromiso con la buena atención al cliente.

En el siguiente sitio web podrás descargar una hoja que te servirá de guía de evaluación, aprovéchala:
www.artesupremo.com

Para ampliar tu aprendizaje

En esta publicación encontrarás ideas nuevas y seguramente otras que ya conoces. Por lo tanto, en este texto el aprendizaje va más allá del conocimiento y aspira a que se traduzca en refrescamiento y **puesta en práctica** de nuevos hábitos en tu desempeño.

Sabes bien que los conocimientos que no se refrescan de manera periódica se olvidan, y que las actividades repetitivas, si se vuelven rutinas inconscientes, te "robotizan".

En atención al cliente es indispensable tener conciencia de esto, porque atender bien a la gente requiere de una gran inversión de energía, lo cual se traduce en mucho desgaste emocional. De manera que refrescar diariamente las prácticas de buena atención es el método más eficaz de recargar la batería del ánimo y mantenerse en forma.

1. Comparte tus reflexiones.

Después de leer y releer cada práctica, habla con otras personas de los aspectos que te parezcan más interesantes de ella. Es un ejercicio simple pero muy efectivo, porque te obliga a profundizar y ampliar las ideas del tema con tus propias palabras.

Compartir tus reflexiones con otros supone que debes estructurar las ideas en tu mente de manera tal que las puedas comunicar de una forma comprensible.

El proceso de **reflexionar y verbalizar** el pensamiento le da potencia a tus capacidades intelectuales de analizar y sintetizar. Además, toma poco tiempo si lo haces entre 10 y 15 minutos todos los días.

Selecciona 2 ó 3 ideas interesantes para ti en cada práctica y compártelas con compañeros de trabajo, amigos o familiares; bien sea porque te parecen novedosas o divergentes, o porque simplemente te producen curiosidad.

2. Relee el contenido de cada práctica.

Para desarrollar una práctica tienes toda una semana. Por lo menos debes leerla una vez al día. Es un ejercicio básico de repaso que tiene el poder de estimular tu creatividad.

Lee para comprender, y hazlo en un momento en el que estés muy tranquilo y puedas disfrutar del acto de leer y refrescar las ideas que te encuentras estudiando y asimilando.

La lectura debería ser un hábito. No te angusties por la falta de tiempo. Lo que leas en 10 minutos es suficiente si lo haces todos los días. Al pasar el tiempo te darás cuenta que este breve lapso es muy productivo si es constante.

A lo mejor leer antes de dormir te resulta más cómodo. Pero si al final del día sientes mucho cansancio, lee en la mañana, con la mente descansada, fresca y despejada.

Para facilitarte la lectura y el estudio, las prácticas que te propongo en este libro sólo ocupan 2 páginas de texto. Las leerás sin fatigarte.

3. Pon tus reflexiones por escrito.

Cuando leas una práctica toma notas sobre los pensamientos que te produzca y las situaciones en las que puedes mejorar tu atención al cliente.

Si pensarlas y verbalizarlas es un ejercicio intelectual de mucha efectividad para aumentar la capacidad analítica y creativa, ***escribir las ideas que te produzca la lectura*** es aún más poderoso.

No te estreses con el tiempo ni con la calidad o cantidad de lo que escribes. Ve despacio pero hazlo todos los días.

Que en los 10 minutos de lectura dediques unos instantes a escribir breves apuntes sobre lo que lees puede rendirte mucho.

El objetivo no es que hagas un resumen, elabores un ensayo o un artículo. Pero es probable que con el tiempo termines escribiendo piezas de este tipo si practicas todos los días. Lo más importante es que tomes notas de lo que lees para que "pienses por escrito".

Podría ser interesante que escribas tus reflexiones en un e-mail, para compartirlas con otra persona. Si esto te facilita el acto de escribir, hazlo.

Permíteme refrasear una reflexión del líder hindú Mahatma Gandhi (http://bit.ly/cCFOWr), que aporta una perspectiva muy amplia sobre la importancia de "la práctica" y el repaso en los procesos de aprendizaje:

"Vigila tus pensamientos, porque se convierten en palabras. Vigila tus palabras, porque se convierten en actos. Vigila tus actos, porque se convierten en hábitos. Vigila tus hábitos, porque se convierten en carácter. Vigila tu carácter, porque se convierte en tu destino."

1 | Trabajas para la gente.

Todo lo que se hace en cualquier organización, privada o pública, está orientado a satisfacer necesidades de personas.

Dependiendo de tu lugar de trabajo, esto lo puedes ver con más o menos claridad. Si trabajas en áreas o departamentos que están lejos del "mostrador" o "front desk" es probable que a veces digas: "yo no atiendo clientes".

En cualquier caso, no te confundas: ***Todo lo que haces*** en tu puesto de trabajo, de manera directa o indirecta, afecta la vida de los clientes de esa empresa. Sin excepción.

En este sentido, cualquiera que sea tu responsabilidad laboral específica, la médula de tu trabajo la constituyen tus clientes.

Tus tareas y responsabilidades profesionales son un medio para satisfacer a los clientes.

El cliente puede ser una empresa o una institución, pero al final es una persona o un conjunto de personas que utilizan o aprovechan lo que produce la empresa en la que trabajas o lo que tú les das directamente.

Mucha de la mala atención se origina al olvidar este principio porque la gente termina enfocándose más en los aspectos manuales de sus responsabilidades específicas de su puesto de trabajo que en las personas a quienes influyen con su labor.

Olvidar saludar a los clientes, o no utilizar su nombre, o hablar con ellos sin mirarlos mientras lees en tu celular o en tu computadora, con frecuencia se debe a que no recuerdas que trabajas para la gente.

Las personas que trabajan en departamentos de empresas en donde no tienen contacto con el público externo, a menudo afirman que "no atienden clientes". Olvidan que sus compañeros de trabajo son "clientes internos", y también dependen de su calidad de atención y servicio.

Tu trabajo no lo define el cargo que tengas o el título académico que hayas alcanzado. La esencia de tu trabajo son las personas que se benefician de lo que haces, directa o indirectamente. En cuatro palabras: trabajas para la gente.

2 | Atiende con dignidad.

Dignidad es sinónimo de excelencia, integridad, nobleza, honor.

Dignidad es ser persona, ser gente en la manera de comportarse.

Trabajar con dignidad es la principal fuente de plenitud profesional y bienestar personal.

Es verdad, no siempre puedes escoger el trabajo que más te gustaría realizar. Pero siempre puedes decidir y escoger trabajar con gusto y dignidad.

Si decides y sientes que tu trabajo no es suficientemente digno, tu desempeño diario se caracterizará por el fastidio, el desgano, la monotonía y la amargura.

Si no comprendes que la dignidad de tu comportamiento es la esencia para poder atender bien a la gente, en ciertos momentos vas a perder el foco de tu trabajo y no te vas a concentrar en las personas que ayudas.

La dignidad te permite comprender que los clientes alterados logran ofender o irrespetar solamente a quienes deciden sentirse ofendidos o irrespetados, y a quienes no comprenden que trabajan para la gente. Lo que trae como consecuencia que, en la visión de su labor, ayudar a los clientes no esté en primer orden.

Si trabajas con la **dignidad de ayudar**, es más fácil entender que la mayoría de los clientes se alteran por la mala atención acumulada antes de llegar hasta ti. Por eso, precisamente eres tú quien tiene la oportunidad de atenderlos bien e influir positivamente en su estado de ánimo.

Atender bien a la gente es el trabajo más digno porque es el que requiere más valor personal: hacia ti mismo, hacia lo que haces y hacia otras personas.

Sólo atenderás con plenitud cuando decides creer que eso es importante para ti y es digno. Experimentarás disfrute al hacerlo si sientes que **atender bien te dignifica** como ser humano y te hace útil.

Recuerda lo que te dije al principio de este libro: servir a las personas es tan noble, digno y supremo que se parece al trabajo de Dios. Así lo dice el tío de Guido en la película La vida es bella: "Dios sirve al hombre pero por eso no es su sirviente."

3 | Tu trabajo consiste en ayudar.

La esencia de atender bien a los clientes es ayudarlos, y *ayudar es cooperar* con ellos para que logren satisfacer sus necesidades.

Contribuyes a satisfacer las necesidades de los clientes de muchas maneras, dependiendo de tus responsabilidades laborales específicas.

Cualquiera que sea tu puesto de trabajo, la calidad de tu ayuda está determinada por la calidad de atención y servicio que das.

Ayudas y atiendes bien en la medida en que *apoyas* el proceso de solucionar las solicitudes o necesidades de los clientes, sin que importe cuál sea tu responsabilidad profesional específica en ese proceso.

En tal sentido, no solamente ayudas cuando puedes proveer específicamente lo que te piden. Tu colaboración puede ser aún más significativa cuando te hacen una solicitud cuya solución aparentemente "no está a tu alcance".

En esos casos *te conviertes en parte de la solución* cuando te ocupas gustosamente de brindar orientación al cliente sobre dónde, con quién y cómo puede satisfacer su necesidad.

Ayudar es **contribuir** con las soluciones, **auxiliar, asistir, dar una mano, favorecer, aportar** y **participar** en las respuestas que buscan los clientes, independientemente de que estén directamente relacionadas con tu función laboral.

Recuerda que trabajas para las personas y el trabajo consiste en ayudarlas.

Pero, para poder ayudar a los clientes es indispensable que los atiendas bien. Es decir:

• Que los escuches con toda tu atención, sin fastidio ni amarguras;

• Que comprendas bien lo que necesitan;

• Que te guste ayudar a la gente; y

• Que quieras hacerlo.

Todo esto depende de tu decisión personal.

Ayudar a la gente con un alto sentido de dignidad te convierte en mejor persona y mejor profesional. Pero es tu decisión.

4 | Siempre puedes ayudar.

No creas que sólo puedes y debes ayudar a los clientes si lo que te solicitan es parte de las obligaciones de tu cargo o de tu departamento.

Cuando eso ocurre terminas brindando mala atención y dando **excusas** para no ayudar:

–Eso no es en este departamento...

–Yo no soy la persona encargada...

–La persona encargada ahora no está...

–Ahora no tenemos ese producto...

–Quien lo puede ayudar aún no ha llegado...

Estos tipos de pretextos y "justificaciones" hacen que los clientes sientan que no tienes ganas de ayudarlos, o que simplemente no te gusta atenderlos, o que tus prioridades son otras.

Si te hacen una solicitud que no es parte de tu función específica o de tu área de trabajo, tu responsabilidad profesional en ese momento sigue siendo:

1) **Dar la cara** al cliente y escucharlo con verdadera atención;

2) **Verificar** que comprendiste bien sus necesidades;

3) **Brindar información** útil para facilitar la solución de esas necesidades.

Muchas veces ayudar también es acompañar al cliente. Si su caso es nuevo, o no es común para ti, o te resulta demasiado complejo, darle información no es suficiente para atenderlo bien.

A veces debes ir con el cliente hasta el departamento o la persona que corresponda, lo que es una excelente oportunidad para que aprendas más sobre tu trabajo.

En otros momentos debes llamar por teléfono a otro departamento y adelantarles la situación, de manera que el cliente no tenga que repetir su historia con la próxima persona con quien hable.

Como puedes ver, **atender bien es ayudar** y lo puedes hacer si te enfocas en lo que sí puedes hacer, y en lo que está a tu alcance.

5 | Nadie puede obligarte a atender bien.

Nadie puede obligarte a apreciar o ayudar a las personas. Ni nada puede forzarte a que te guste y disfrutes el trabajo de atender bien a la gente.

Las responsabilidades laborales, las dificultades personales o la presión económica, en ocasiones te llevan a ser **obediente y fingir** cuando brindas atención a tus clientes, como si fuera el libreto de una obra teatral.

Por esta razón conseguimos a personas que al atendernos nos dicen "buenos días", pero su cara es de fastidio o de que el día no tiene nada de bueno.

Ellos cumplen con la obligación de saludar y hacen su trabajo de la misma manera: Por obligación pero **sin vitalidad**.

Lo que tú sientes por lo que haces y la persona que eres es lo que más afecta a tus clientes durante el proceso de atenderlos.

Cuando brindas excelente atención y servicio, los clientes sienten que **tuviste el coraje** de tomar la decisión personal de dar lo mejor de ti para ayudarlos. Por eso **te valoran** más, te respetan más, se fascinan con tu trabajo y son más agradecidos contigo.

Pero si sólo los atiendes por obligación, todo tu trabajo se vuelve más difícil y pesado. Todo lo que debes hacer se hace más complejo y fastidioso.

En estas condiciones es muy poco probable que ayudes de verdad a la gente y que los clientes se sientan bien atendidos por ti.

Las personas que atienden con **plenitud** disfrutan lo que hacen y se sienten satisfechos con ellos mismos. Pero su plenitud es su decisión personal.

Es tu decisión dar lo mejor de ti como persona a la hora de atender a la gente. Eres el dueño de tu voluntad y en tus manos está comprender que atender bien es la oportunidad más significativa de demostrar tu profesionalismo.

6 Atiende con sentido de oportunidad.

Si aprendes a atender bien a los clientes, *siempre tendrás* más y mejores oportunidades de crecimiento profesional.

Si desarrollas el hábito de brindar buena atención, terminarás siendo más valorado como persona, tanto por tus clientes externos como por los compañeros de trabajo, amigos y familiares. Del trato hacia ellos depende que se te presenten oportunidades de desarrollo personal.

Es lógico que eso ocurra. Cuando atiendes bien y sientes dignidad al hacerlo, logras *influir positivamente* en las personas y consigues que ellas se sientan muy bien, porque se sienten auténticamente valoradas y respetadas por ti.

La buena atención siempre es una oportunidad para que transmitas *aprecio* hacia ese cliente, que te seleccionó a ti y a tu empresa frente a muchas otras opciones.

Él podría estar con la competencia, pero tú aprecias que ahora te prefiere a ti y *valoras* que su presencia contribuye a que exista tu puesto de trabajo. Su presencia es, justamente, tu oportunidad.

Transmitirle a los clientes que los aprecias cuando están frente a ti es la forma más coherente de hacerles sentir que los consideras especiales para ti (algo que a todas las personas les encanta).

Transmites aprecio y respeto:

• Cuando le haces sentir que él es bienvenido a tu lugar de trabajo;

• Cuando sales a su encuentro y no te quedas esperando que llegue hasta ti;

• Cuando le preguntas en qué puedes ayudarlo y le transmites que te gusta el trabajo de atenderlo;

• Cuando le das las gracias por su tiempo, por su visita, por su atención o por su compra.

Esas son las ***oportunidades cotidianas*** que tienes con cada cliente para comportarte como un verdadero profesional del servicio y la atención.

7 | Atiende con profesionalismo.

Un profesional es la persona que trabaja con el mayor *sentido de excelencia y calidad*, de manera constante. Su buen desempeño es estable.

Es decir, si eres un profesional en lo que haces, entonces trabajas con excelencia la mayor parte del tiempo y no de vez en cuando.

El profesionalismo no se define por el nivel de estudios que tengas. Puedes tener títulos universitarios y muchos conocimientos, pero si no los pones en práctica apropiadamente, la mayor parte del tiempo no serás reconocido como un profesional.

Tu profesionalismo se expresa a través de tu *actitud en el trabajo* y en los resultados tangibles de lo que haces. En este sentido, enfrentar los retos más exigentes de tu trabajo resulta ser una "prueba de ácido" a tu profesionalismo.

Eres profesional porque tienes un **compromiso contigo** de dar lo mejor de ti al trabajar, a la vez que muestras un comportamiento honesto, responsable y cuentas con la debida preparación para tu función.

El rasgo más destacado de un excelente profesional es que **_siempre se mantiene_** entrenando y aprendiendo.

El entrenamiento continuo es lo que proporciona niveles superiores de profesionalismo, especialmente en el área de atención al cliente, en donde es muy fácil resignarse a terminar con rutinas laborales inconscientes que le quitan vitalidad a tu desempeño.

Entrenar con profesionalismo es refrescar conocimientos para **_no subestimar_** los aspectos básicos del trabajo ni asumir nada por obvio. Así, el profesional de la atención repasa sistematizadamente lo que sabe y domina para reconectarse con lo esencial.

El profesionalismo en atención al cliente es producto de la dignidad que sientes al atender a la gente. Es decir, **_no te conformas_** simplemente con atender, sino que quieres que tu trabajo se traduzca en resultados positivos para las personas que ayudas.

8 | Atiende con nivel artístico.

La calidad en cualquier disciplina artística cuenta con estándares más exigentes que los de las actividades no artísticas. Por eso, trabajar con nivel artístico **significa exceder** la calidad promedio, exceder las expectativas y producir fascinación con lo que se hace.

Cuando no se tiene una visión artística de la atención al cliente, terminas con la actitud conformista de que el trabajo quede "más o menos", o simplemente bien hecho, y pones más énfasis en la labor que en las personas que estás ayudando.

Fuera del arte, la mayoría de las personas se conforman con cumplir sus obligaciones y responsabilidades. Pero los buenos artistas, los artistas memorables, deciden ir mucho más allá.

El artista de la atención está **comprometido con su propia excelencia personal**, busca un nivel de calidad en su trabajo que llegue a conmover y emocionar al público, sus clientes. Busca que su trabajo se note por ser extraordinario, fuera de lo común.

Cuando atiendes a las personas con un nivel artístico no sólo las atiendes bien, sino que las haces sentir apreciadas, bienvenidas y respetadas de manera especial. Eso nunca pasa desapercibido para la gente y casi siempre genera aplausos.

A través de tu desempeño, tus clientes pueden percibir, sin que les quede lugar a dudas, que te gusta ayudarlos y que has decidido dar lo mejor de ti para hacerlo: ***Disfrutas atendiéndolos***.

Los clientes saben que si disfrutas tu trabajo ellos van a recibir más y mejor ayuda de tu parte.

Cuando trabajas con un nivel artístico trabajas con más dignidad, porque tienes más conciencia de que lo que haces afecta la vida de otras personas.

Pero la comprobación del nivel artístico de tu trabajo no la estableces tú, sino los clientes. Es decir, la última palabra la tienen ellos. No se trata de que tú creas que los estás ayudando, sino de que ellos lo sientan.

9 | Diferencia el trabajo artístico.

La capacidad que tienen los artistas para **fascinar** al público es una derivación directa de la cantidad y calidad de su entrenamiento artístico.

Eres un artista de la atención cuando sabes que el conocimiento no es suficiente. Puedes saber mucho de tu trabajo, pero si no lo refrescas con periodicidad, corres el riesgo de olvidarlo. Así que entrenamiento es equivalente a "refrescamiento".

Por eso **los artistas ensayan**. Ensayan mucho. Ensayan con disciplina y constancia. Es la manera profesional de entrenar sobre lo que ya saben, para dominarlo, perfeccionarlo y **reconectarse con lo esencial**: El público, sus clientes.

Ten presente que la principal diferencia del arte con respecto a otras disciplinas profesionales radica en la cantidad y calidad de ensayo, de entrenamiento, de práctica.

Llegas a un nivel de entrenamiento artístico cuando te das cuenta de que el conocimiento no es sinónimo de aprendizaje, porque descubres que el aprendizaje supone ajustes, y mejoras continuas en la manera de trabajar.

Atender bien a la gente puede producir mucho desgaste emocional y físico, porque cada cliente es diferente, aunque puedan tener requerimientos similares.

Para atender bien debes invertir mucha energía en escuchar adecuadamente a cada cliente y en la madurez que implica el control de tu ego.

Esa energía es como gasolina y se consume en buena parte con las rutinas laborales del día a día y la cantidad de clientes.

Es en este sentido que cobra especial importancia el entrenamiento cotidiano sobre atención al cliente.

Como te dije al principio de esta publicación, el refrescamiento continuo te permite *no subestimar* los conocimientos básicos y no asumir nada por obvio.

El entrenamiento constante en el trabajo artístico de atender al cliente es como si llevaras tu inteligencia al gimnasio y recargaras el tanque emocional de tu profesionalismo.

10 | Atiende para influir positivamente.

El arte influye en el estado de ánimo de las personas. Las puede hacer sentir bien o mal. Todo depende de la intención y el desempeño del artista.

Lo mismo ocurre si eres un profesional de la atención al cliente. **Siempre estás influyendo** en las personas que atiendes, bien sea de manera positiva o negativa.

Influyes en el estado de ánimo de la gente con lo que haces para ayudarlas. También influyes con las cosas que le dices cuando las estás atendiendo. Pero en muchas ocasiones influyes más con lo que dejas de hacer o dejas de decir para ellas.

Cuando se trata de servicio y atención al cliente, no existe ninguna circunstancia en la que no estés influyendo en las personas que están frente a ti y en las que están a tu alrededor.

Por ejemplo, también influyes en otros clientes que están esperando por ser atendidos cuando ven la manera en que tratas al que tienes frente a ti.

En la atención al cliente, los hechos, tus acciones y conductas, tienen mucho más valor y significado que las palabras.

Así pues, la manera más eficiente de medir la calidad de tu atención es en términos de influencia positiva.

Es decir, atiendes bien cuando de manera consciente buscas influir positivamente en el estado de ánimo de tus clientes, **atendiendo con gusto** y especial dedicación sus necesidades y solicitudes.

En cambio, tu desempeño profesional se vuelve inferior cuando simplemente te ocupas más de las funciones de tu cargo y descuidas a la gente que debes atender. Estos son los casos en los que influyes negativamente.

Recuerda, la buena atención se relaciona con tu **actitud hacia lo que haces**, por lo cual influyes más en los clientes con la manera de trabajar y atenderlos, que con el simple desempeño de tus funciones.

Si la gente no se siente bien atendida por ti es porque no estás influyendo positivamente en su percepción acerca de tu manera de hacerlo.

11 | Conéctate constructivamente.

Esta es la base para que los clientes se puedan sentir bien atendidos al final del proceso de interacción contigo.

Conectarte de manera constructiva significa:

• *Escucharlos* con tu mejor disposición emocional para poder comprender bien sus necesidades y situaciones.

• *Escucharlos* y atenderlos sin involucrar prejuicios sobre cómo son, cómo hablan o cómo visten.

• *Escucharlos* con concentración para poder identificar bien cómo puedes ayudarlos.

• *Atenderlos* demostrando que disfrutas y sientes dignidad por el trabajo de ayudarlos.

• *Actuar* con toda la diligencia que haga falta para ayudarlos.

Tu conexión con los clientes depende de la forma en que los atiendes y reaccionas frente a sus necesidades y solicitudes. Es decir, conexión constructiva o positiva en este caso no es simplemente un sinónimo de "simpatía", sino del tipo de profesionalismo que mencioné en la práctica 7.

La forma de **conectarte positivamente** con los clientes también depende del tipo de actividad de la empresa en que trabajas y de tus obligaciones específicas.

Es muy importante que tomes en cuenta las condiciones en que llegan los clientes hasta ti y el impacto que tienen tus funciones en su estado de ánimo.

Es diferente trabajar en una tienda que vende ropa, en un restaurante, o en una venta de carros que trabajar en un hospital, una empresa de seguros o una funeraria.

El mismo tipo de "simpatía" en cada uno de estos trabajos puede producir interpretaciones distintas en los clientes.

Conectarte de manera constructiva no significa ser complaciente en todo con el cliente, sino que él sienta que todo el tiempo quieres ayudarlo, con compromiso, dignidad profesional y gusto de hacerlo.

12 | Los clientes te tienen que importar.

Si te importan podrás **conectarte** con ellos. Sólo así podrás transmitirles que te interesan sus necesidades y que deseas ayudarlos.

Cuando los clientes llegan hasta ti y no haces contacto visual con ellos, o no los saludas apropiadamente, o no le das ningún tipo de bienvenida, y no le ofreces tu ayuda, ellos **interpretan** que no son importantes para ti.

Con ese sentimiento negativo la relación puede llegar a ser muy tensa y resultará muy difícil que sientan confianza en ti.

Si no les transmites que te importan, ellos tendrán incertidumbre sobre la calidad y honestidad de tu atención.

Si sólo te quedas mirando la computadora cuando ellos te hablan, o los papeles de tu escritorio, o te concentras más en tu teléfono celular, vas a transmitirles que esas actividades son más importantes para ti que ellos.

Los clientes sienten que son importantes para ti a través de conductas y **acciones concretas** de tu parte. Por ejemplo:

• Cuando tú sales a su encuentro y no los ignoras al llegar a tu puesto de trabajo.

• Cuando los escuchas con respeto, sin interrumpirlos;

• Cuando validas que los comprendiste, parafraseando lo que te plantearon.

Si no les **haces sentir** que son importantes para ti, es probable que te recriminen y te digan que no les estás haciendo un favor porque ellos están pagando por un servicio, y son los que pagan tu sueldo.

En cambio, cuando sientes que atender y ayudar a las personas es un trabajo digno, es muy fácil que les hagas sentir que los valoras de verdad, como personas y clientes.

Cuando los clientes **te importan**, tu entusiasmo no se empaña, sino que tú brillas dignamente a través de tu desempeño.

13 | Debes sentir aprecio verdadero.

Para poder conectarte e influir positivamente en los clientes debes sentir aprecio verdadero hacia ellos como personas.

Es indispensable que los consideres como *la fuente* original de tu puesto de trabajo, la razón de ser de tus funciones laborales y la base desde donde surgen las mejores oportunidades para tu crecimiento profesional.

Recuerda que los clientes saben diferenciar muy bien si los atiendes porque te importan como personas, o si finges que te importan.

Si aparentas buena atención, ellos sentirán que no tienes honestidad, ni con ellos ni contigo, por lo tanto no confiarán en ti.

Los clientes saben que cuando son apreciados con autenticidad reciben *ayuda de verdad*, y no los tratan para salir de ellos rápidamente.

Los clientes saben que tu aprecio verdadero se traduce en una buena disposición actitudinal a la hora de apoyarlos y colaborar con ellos.

Si sientes aprecio verdadero no te da fastidio ni molestia atenderlos. No los vas a engañar y te vas a esmerar más en proporcionarles atención.

Cuando comprendes el valor que tienen los clientes en tu vida profesional, desarrollas *la madurez necesaria* para no descalificarlos ni atenderlos con prejuicios.

Apreciar de verdad a los clientes es parte de los retos más importantes que tiene un profesional de la atención y el servicio, es parte de tu trabajo y significa también apreciarte a ti mismo como persona.

Pero el *aprecio verdadero* hacia los clientes es algo que decides tú. Es un asunto personal, y no lo puedes sentir por obligación.

Si sólo brindas atención como un deber laboral, nunca vas a dar lo mejor de ti, trabajarás con fastidio y será muy difícil que percibas las oportunidades de crecimiento que proporciona la visión de sentir aprecio verdadero por los clientes.

14 | Debes dar autenticidad.

En una época se decía que la atención al cliente se "actuaba", y en muchas empresas aún se sigue diciendo. Es comprensible; eran tiempos en los que la buena atención era un lujo.

Pocas empresas pensaban que el buen servicio y la buena atención era **un asunto clave** en sus negocios. Simplemente consideraban que se trataba de algo que podían dar como "valor agregado".

Pero los mercados se hicieron mucho más **competitivos**. Algunas empresas comenzaron a comprender que el servicio y la atención influyen tanto en la lealtad de los clientes como en los costos para obtenerlos y retenerlos.

También los clientes evolucionaron y tomaron conciencia del poder que tienen en el destino de cualquier empresa.

Ahora no hay dudas de que **si finges** cuando los estás atendiendo es muy probable que se molesten, porque estás representando un guión y no les estás dando lo mejor de ti.

Al actuar la atención se opaca tu personalidad, y haces que los clientes se sientan irrespetados. Si brindas atención como "valor agregado" parecerá que les estás haciendo un favor.

Cuando la atención es actuada, **te limitas** al papel que describe tu cargo laboral y dejas de esforzarte para ayudar realmente a la gente.

Lo mejor de ti surge sólo si te gusta atender a los clientes. Te vuelves auténtico, genuino, certero, positivo, creativo y honrado contigo mismo.

Los clientes quieren lo mejor de las personas que los atienden porque eso les garantiza que serán ayudados de verdad.

La **influencia positiva** comienza con tu autenticidad y si no eres auténtico en tu aprecio hacia los clientes, no podrás conectarte con ellos de manera constructiva.

Recuerda, la autenticidad no es una técnica para atender a los clientes. La autenticidad está formada por los verdaderos sentimientos y **valores que tienes** hacia tu trabajo y hacia ti como persona.

15 | Implica excelencia personal.

Como has visto hasta aquí, atender bien a la gente es un asunto que debes asumir como **algo personal**, que requiere de mucha madurez y coraje.

La excelencia no es un lugar al que llegas, sino el camino que escoges para desempeñarte y alcanzar tus objetivos.

El filósofo griego Aristóteles decía que "la excelencia es resultado del hábito. Nos volvemos justos realizando actos de justicia; templados, realizando actos de templanza; valientes, realizando actos de valentía".

Entonces podríamos decir que la excelencia personal no es un estado absoluto, sino la suma de muchos actos que tienen características específicas en común.

Tu excelencia como persona se expresa a través de tu **comportamiento y actitud** hacia los clientes, hacia el trabajo que haces, hacia el aprendizaje, el mejoramiento continuo, la automotivación y la autoexigencia.

Actuar con excelencia es actuar con un alto sentido de lo que es el profesionalismo.

La excelencia personal se manifiesta en tu trabajo diario, entre otras cosas:

• Cuando haces más con menos.

• Cuando das más de lo que están esperando.

• Cuando eres auténtico en tu aprecio a los clientes.

• Cuando pones en práctica lo que dices.

• Cuando influyes positivamente en las personas que atiendes.

• Cuando eres útil y ayudas de verdad a la gente.

• Cuando no te dejas chantajear por el "qué dirán" los demás.

• Cuando practicas y estudias para mantener en forma tu motivación.

• Cuando no te quedas esperando por soluciones sino que las construyes y te vuelves parte de ellas.

16 | La excelencia personal es tu decisión.

La atención artística de los clientes va más allá del trabajo, **es una visión** de ti, de tu vida y de tu desempeño.

Es algo que no puedes hacer bien por las malas. Nadie puede obligarte a que atiendas y trabajes con gusto y con dignidad.

Tu disposición a quererte comportar con excelencia depende de tu decisión, de las **ganas** que tengas de hacerlo y del **compromiso** que tengas contigo.

Así que la excelencia es tu decisión. Tú tienes el poder de decidir atender bien y no simplemente atender con apatía o de manera rutinaria, "para salir de eso".

Cuando decides trabajar con excelencia optas por **hacer la diferencia** contigo y con cada persona con la que interactúas en el trabajo.

Es decir, buscas darle a cada persona que atiendes la experiencia de ser servida y apreciada, porque tienes conciencia de que tu trabajo contribuye a mejorar la vida de esas personas y la tuya propia.

Tú decides la manera de desempeñarte profesionalmente.

Recuerda que lo aburrido no es una característica de ningún trabajo, sino la forma en que tú has decidido trabajar.

Tú eliges tu actitud profesional. Ésta no viene en el manual de procedimientos, en las normas de la empresa, ni en la descripción de tu cargo.

Eres tú quien escoge la forma de trabajar y decides si disfrutar o no lo que haces.

También escoges cómo quieres que te vean los clientes y cómo quieres influir en ellos.

Tú eres quien hace **la diferencia** en la calidad de la atención hacia los clientes.

Inclusive, si decides no decidir, simplemente estás decidiendo postergar o dejar las cosas como están.

Ten en cuenta que tus decisiones son tan auténticas como lo deberías ser tú con el trabajo.

17 | La atención es lo que haces sentir.

Hablando de clientes, mucha gente se refiere a la "atención" como si fuera sinónimo de "servicio". Lo mencioné al principio de este libro, pero debo insistir en las diferencias. Es un *aspecto clave* para que puedas atender bien.

El servicio es lo que le das o le dices a los clientes. Pero la atención es lo que les haces sentir por la manera en que das servicio.

Este principio permite explicar por qué si das buen servicio pero brindas mala atención los clientes quedan insatisfechos o se molestan.

Por ejemplo, puedes dar una información correcta a un cliente, pero si se la das con fastidio, él siempre le otorgará más importancia a tu actitud que a lo que le dices.

Por esta razón, *los clientes pueden olvidar* lo que les informas o les proporcionas, pero no olvidan lo que les hiciste sentir con tu forma de atenderlos.

La empresa en la que trabajas y tú dan servicio, pero la calidad de la atención está 100% en tus manos. Es tu decisión.

La forma como atiendes a un cliente es lo que transmite si de verdad tienes disposición a ayudar y lo que sientes por el trabajo que realizas.

Entonces, **para evitar** que los clientes se sientan mal atendidos:

• No los trates con desinterés o frialdad.

• No los atiendas como si quisieras "salir rápido" de ellos.

• No te comportes mecánicamente, "sin vida", como si fueras un robot.

• No justifiques que no los puedes ayudar por lo que dice "el manual" o "las normas".

• No los descalifiques por su apariencia, por sus opiniones o costumbres.

• No prometas lo que no vas a cumplir.

• No irrespetes su tiempo con ambigüedades sobre cuándo los vas a atender.

• No culpes a tus compañeros de los errores o a otros departamentos.

18 | Desarrolla el hábito de preguntar.

La forma más eficiente **para captar** las verdaderas necesidades de los clientes es preguntándoles qué desean, qué necesitan, qué puedes hacer por ellos, o en qué puedes ayudarlos.

Si no les preguntas terminarás suponiendo o adivinando. En atención al cliente no supongas ni des nada por obvio: pregunta.

Cuando brindas atención con base en tus **suposiciones**, corres el riesgo de ofender a los clientes, porque les transmitirás que le das más importancia a tu criterio que al de ellos.

Atrás quedaron los días de la Regla de Oro de la atención al cliente ("Dale a tus clientes lo que a ti te gustaría que te dieran"), o de la Regla de Platino ("No des a tus clientes lo que a ti te gustaría porque pueden tener gustos distintos"). **Preguntar es más eficiente** que esas reglas.

El profesionalismo en la atención se basa en tu capacidad de preguntar. Sólo así podrás diseñar soluciones a la medida de cada cliente.

Pregunta para **_investigar_** e identificar la forma en que mejor puedes ayudar.

Cuando preguntas, estimulas el surgimiento de oportunidades y haces sentir al cliente que tienes genuino interés en ayudarlo.

Aprender a **_entrevistar_** a los clientes es un hábito creativo que debes cultivar para que logres tener una visión más amplia de sus inquietudes, necesidades y solicitudes.

Las preguntas son el medio, pero tu meta es generar respuestas. Tu objetivo principal es **_comprender_** lo que realmente buscan los clientes para que puedas actuar de manera diligente.

Preguntar es también un ejercicio estratégico de comunicación para estimular que tus clientes te revelen necesidades clave pendientes por satisfacer.

Ten presente que las personas que no preguntan siempre arriesgan mucho más que las que preguntan.

19 | Escucha "entre líneas".

Los clientes siempre saben lo que necesitan y lo que no necesitan, pero a veces te lo dicen en términos que no son claros para ti.

En ocasiones no es suficiente escucharlos con mucha atención, sino que hace falta que **investigues** más sobre lo que quieren transmitirte.

El camino para lograr entenderlos requiere de tu atención **sin prejuicios** ni descalificaciones. Sólo así podrás escuchar "entre líneas" y captar sus inquietudes menos evidentes.

Si los etiquetas va a ser muy difícil que llegues a comprender lo que realmente necesitan.

A veces una sola pregunta no es suficiente y debes entrevistarlos con preguntas directas. Por ejemplo:

—¿Exactamente qué es lo que necesita?

—¿Qué es lo que está buscando resolver?

—¿Para qué necesita ese producto?

—¿Qué es lo que más le preocupa del producto?

En otros casos de mayor complejidad puede ser estratégico que **parafrasees**. Es una manera eficiente y profesional de **verificar** si estás entendiendo bien lo que el cliente te ha planteado.

Parafrasear significa que repites el planteamiento o las preguntas del cliente, pero con tus propias palabras y con tono de pregunta.

Por ejemplo, puedes comenzar diciendo algo como: "Déjeme ver si le estoy comprendiendo bien. Lo que usted está buscando es...".

Cuando parafraseas le **haces sentir** al cliente que:

- Te importa mucho comprenderlo para poderlo atender correctamente.

- No te fastidia atenderlo y concentrarte en él.

- Eres responsable y cuidadoso con tu trabajo.

- Te gusta ayudar a las personas y has **cultivado** la paciencia necesaria para hacerlo como un arte supremo.

20 | Ofrece opciones y alternativas.

A los clientes no les gusta que los "encajonen" o que los pongan **contra la pared**. Ellos se sienten tratados así cuando les dicen "sólo nos queda este producto", o "nada más tenemos esto", o "de eso no tenemos ahora".

Pero si eres un profesional de la atención y el servicio, has aprendido a presentar opciones y alternativas de solución a sus solicitudes: "no tenemos ese producto pero tenemos este", o "ahora no lo tenemos pero nos llega en tanto tiempo", o "permítame averiguar en dónde lo podría conseguir".

Los clientes quieren que les ofrezcas opciones, porque les reafirman su libertad y facultad de **elegir** y sus posibilidades de **escoger**. Les encanta sentir que son ellos quienes eligen y no que tú les impones una solución única.

Ayúdalos a decidir entre varias alternativas, explicándoles con gusto los beneficios de cada una para que les sea más fácil compararlas y apreciar su valor.

Cuando les ofreces más de una opción de productos, servicios o soluciones, los clientes se fascinan, porque perciben que te gusta ayudarlos a escoger lo que más les conviene.

Por otro lado, crear opciones para los clientes no es más trabajo, sino un esfuerzo creativo distinto, que incentiva el desarrollo de tu profesionalismo.

Por supuesto, sólo puedes crear alternativas cuando te focalizas en ayudar a la gente y conoces más sobre el alcance de tu trabajo y los detalles del negocio de la empresa que representas.

Si sólo te limitas y conformas con responderles a los clientes "sí" o "no", es muy difícil que los atiendas bien, que los ayudes y que les ofrezcas opciones.

Si te fastidia lo que haces y no te gusta atender clientes es poco probable que busques y encuentres opciones para ofrecerles.

En otras palabras, el proceso de crear opciones es beneficioso *para ti* porque potencia tu inteligencia, tus conocimientos sobre el trabajo que realizas y estimula tu creatividad.

Al ofrecerle a los clientes opciones y alternativas, tu profesionalismo siempre sale ganando.

21 | Ocúpate de lo que puedes.

A los clientes no les interesa lo que **no** puedes hacer, o lo que **no** tienes. Cuando tus respuestas se quedan sólo en eso, ellos se sienten igual que si los ignoraras o los atendieras mal.

No estructures **tus respuestas** basadas en un "no tengo", "no hay", "ese producto no ha llegado", "no puedo", "no damos ese servicio", "no podemos hacer eso", o "lamentablemente no podemos".

Si te concentras en ayudar a los clientes con lo que está a tu alcance, tus respuestas se orientarán a ofrecer **opciones y alternativas de solución**, y se vuelven parecidas a éstas:

—No tenemos ese servicio (o producto) pero tenemos los siguientes que cumplen funciones similares o iguales...

—Ese producto no nos ha llegado pero:
   -Tenemos esta otra marca...
   -Los vamos a tener la semana siguiente...
   -Si me da un número lo llamaremos cuando nos llegue...

—Vamos a llamar ahora mismo al departamento de compras (o a nuestro proveedor) para ver cuándo lo vamos a recibir...

—Ahora no lo puedo atender, pero...

 -Enseguida que termine de atender a esta persona, estoy con usted.

 -Inmediatamente después de esta llamada telefónica, le atiendo.

Si te focalizas en lo que puedes y está a tu alcance, descubrirás una gran fuente de oportunidades para tu crecimiento profesional y personal.

Al ocuparte de lo que sí puedes te darás cuenta del inmenso **potencial** que tienes y que quizás no has aprovechado más.

Como puedes ver, al ocuparte de lo que puedes, de una u otra manera también te ocupas de ampliar tus posibilidades de **crecimiento** profesional y personal.

Pensar en lo que sí puedes hacer por el cliente y ocuparte de ello te hará descubrir que siempre puedes atenderlos bien y ayudarlos.

22 | Sé un embajador.

Un profesional de la atención al cliente es esencialmente:

- Un embajador de lo que siente por sí mismo y por su trabajo.

- Un embajador de la empresa en la que trabaja.

- Un embajador de los productos y servicios que representa.

- Un embajador de sus compañeros de trabajo, tanto del mismo departamento, como de todos los demás departamentos.

Los embajadores son representantes de las personas de un país, de su cultura, de su manera de ser. Eso es lo que esperan los clientes de ti cuando los atiendes.

Cuando estás frente a ellos, eres la cara de todas las personas que forman parte de tu empresa y al mismo tiempo **eres la empresa** en la que trabajas.

Si no te comportas como un buen embajador nunca podrás atender bien a tus clientes, y nunca podrás desempeñarte con dignidad en tu trabajo.

Si no te comportas como un embajador, tus clientes sentirán que te da fastidio lo que haces, que te aburre atenderlos y que no te interesa ser útil y ayudarlos.

Los mejores embajadores **dan la cara** a los clientes y transmiten claramente el orgullo que sienten por su empresa, independientemente de que las necesidades del cliente se resuelvan en otro departamento o con otra persona.

Los buenos embajadores de la atención no critican a nadie de su empresa para justificar una falla o un error frente a los clientes.

Cuando eres un buen embajador, entiendes que **siempre eres parte** del proceso de solución de las necesidades de los clientes y por eso te ocupas de ayudarlos y acompañarlos hasta donde haga falta para lograr ese objetivo.

Los malos embajadores "pelotean" a los clientes y culpan a otros por una mala atención o un mal servicio.

Los buenos embajadores saben que los clientes no buscan culpables, sino ayuda y atención artística.

23 | No "pelotees" a los clientes.

"Pelotear" es **evadir** a los clientes; esquivarlos, torearlos, sacudirlos o sacarles el cuerpo con excusas para no ayudarlos.

Si haces que los clientes vayan de un departamento a otro sin ayuda y sin respuestas a sus solicitudes, los estás peloteando.

Si un cliente necesita orientación sobre un producto o servicio, **proporciónale** toda la información que necesite para satisfacer su necesidad. Indícale todos los requisitos de una vez. Muéstrale todo lo que debe hacer.

Cuando le das información parcial a los clientes los estás condenando a que pierdan su tiempo y a que tengan que regresar una o varias veces innecesariamente.

Recuerda que para los clientes tú eres la empresa en la que trabajas, eres su representante, **eres su embajador**.

Si le dices a un cliente que su asunto no es contigo, o con tu departamento, o en ese horario, él ya sabe que lo comenzaste a pelotear, porque no tienes interés verdadero en ayudarlo.

Cuando peloteas al cliente simplemente **pospones** la respuesta, la solución o la ayuda que él está buscando; en consecuencia:

1. Te arriesgas a que regrese a ti tomado de la mano de tu jefe.

2. Te arriesgas a perder el cliente, la confianza de tus compañeros y la credibilidad ante tu jefe.

3. Te arriesgas a quedar mal como persona y a perder el trabajo.

Así de simple son las consecuencias de pelotear a los clientes.

Pelotear a los clientes es un acto de falta de profesionalismo y de **crueldad**: Hay quienes conscientemente proporcionan información incompleta, inventan requisitos o transfieren a los clientes a departamentos incorrectos.

Recuerda: No pelotear al cliente es un acto básico de **respeto** hacia ti como persona.

Al pelotear a los clientes te peloteas tú como profesional y peloteas tus oportunidades de desarrollo.

24 | No te excuses con tus compañeros.

No les digas a los clientes que no los puedes atender o ayudar porque a quien le corresponde hacerlo no fue a trabajar o no está en ese momento.

No *"pelotees"* a los clientes con esa excusa.

Recuerda que en esos casos puedes brindar buena atención:

1. **Escuchando** al cliente para comprender su situación.

2. **Tomando notas** del caso, del nombre del cliente, su teléfono y otros datos importantes, para que le puedas informar de manera precisa a tu compañero encargado del asunto.

3. **Comprometiéndote** con el cliente a informar sobre su caso y a hacerle seguimiento.

Si utilizas las fallas de tus compañeros de trabajo como pretexto para no dar una buena atención, tus clientes siempre se darán cuenta de que los estás *esquivando*.

Tampoco les digas a los clientes que ocurrió un error de servicio porque quien lo atendió es nuevo, o no está bien preparado, o simplemente es descuidado.

Cuando hablas mal de tus compañeros frente a los clientes nunca quedas bien, porque eso significa que no eres un buen embajador y que eres poco profesional.

Lejos de lograr excusarte, cuando acusas a tus compañeros por una mala atención o un mal servicio, los clientes piensan que si no eres leal con quien trabajas, menos puedes serlo con ellos.

Acusar a tus compañeros de trabajo frente a los clientes no los deja mal a ellos sino a ti.

Frente a los clientes **la discreción** es una virtud, y hay un refrán popular que la define de manera simple: "La ropa sucia se lava en casa".

Revisa la práctica 22: Sé un embajador.

25 | También con tus clientes internos.

Tus compañeros de trabajo y tus proveedores de todos los niveles y todas las áreas son tus clientes internos. Con ellos **haces equipo** de manera permanente, por lo tanto también les debes atención artística y suprema.

Pero la calidad de la relación que estableces con tus clientes internos está determinada por la visión que tienes de ellos.

Si los aprecias como clientes pondrás lo mejor de ti en **comprender y satisfacer** sus necesidades. Es decir, tu trato hacia ellos es superior cuando los consideraras clientes.

Ahora, si no atiendes bien a las personas con las que compartes la mayor parte de tu tiempo laboral, ten la seguridad de que los clientes externos sentirán un importante grado de inconsistencia profesional de tu parte. La razón es simple: es muy difícil que trates bien a los clientes externos si primero no tratas bien a los internos.

La **visión** acerca de tus compañeros como clientes internos hace que los atiendas de manera especial, que los escuches con más respeto, que seas más cuidadoso con tu comunicación con ellos, que les tengas más paciencia y que busques comprender mejor el trasfondo de sus solicitudes para contribuir a satisfacerlas. Sabes bien que juntos tienen **compromisos** profesionales de atención y servicio.

Si los tratas como clientes internos igualmente obtendrás mejores productos y servicios de tus proveedores, porque desde esa perspectiva te resulta más fácil dedicar más cuidado estratégico a esa **relación.**

Si los tratas sólo a partir de los deberes que tienen contigo o tu empresa, nunca obtendrás el máximo de su honestidad, compromiso y lealtad.

Ver a los compañeros de trabajo y a los proveedores como clientes internos no significa ser menos exigente o ser complaciente con sus errores. Por el contrario, es entender que la relación con ellos requiere de un mayor esmero, porque con ellos tienes un **vínculo cotidiano y de largo plazo**. Buena parte de tu trabajo depende del de ellos.

Si cultivas el arte supremo en la relación con tus clientes internos producirás la confianza que hace falta para tratar los errores con madurez y profesionalismo, en función de que sean corregidos sin deteriorar la relación.

26 | Hacer equipo es tu responsabilidad.

Los clientes evalúan el servicio y la atención con base en el *peor desempeño*. Permíteme explicar este principio clave con el ejemplo de un restaurante: La comida y la atención de todo el personal pueden ser muy buenas, pero si vas al baño y lo encuentras sucio, la calidad del resto de los servicios del restaurante perderá su valor y será difícil que desees regresar a ese local.

Este ejemplo demuestra cómo la labor de tus compañeros de trabajo afecta la *evaluación de tu desempeño* y por qué es tan importante hacer equipo con ellos.

No esperes que el trabajo en equipo sea una consecuencia lógica de trabajar en la misma empresa o el mismo departamento. El trabajo en equipo es el resultado de *tu decisión de sumar esfuerzos* para ayudar a los clientes.

Los clientes saben bien que las personas que tienen más sentido de trabajar en equipo son las que proporcionan mejor atención y servicio. Saben que éstas cuentan con suficiente profesionalismo para tratar a sus compañeros de trabajo como clientes internos.

El trabajo en equipo depende de tu responsabilidad y voluntad individual. Es una consecuencia de tu madurez para manejar tu ego y pedir ayuda. En vez de "pelotear" al cliente cuando te solicita algo que no es parte de tus funciones laborales directas, tienes la oportunidad de mostrar tu decisión profesional de hacer equipo, **solicitando ayuda** de tus compañeros.

Es probable que en ciertos momentos no consigas el mismo compromiso con la buena atención en otros compañeros. Sin embargo, en la mayoría de los casos, esto es sólo el efecto de no haberlos tratado previamente como clientes internos, con los mismos principios que hemos comentado antes en este libro.

Parte de los retos de la atención al cliente con niveles artísticos consiste en tener **la misma dedicación** hacia los compañeros de trabajo y proveedores que hacia los clientes externos. De lo contrario serás muy inconsistente.

Además, cuando te ocupas de hacer equipo con compañeros de trabajo menos "afines", tu madurez como persona se consolida y tu creatividad se potencia.

27 | Comprende el alcance de tus promesas.

Ten presente que los clientes pagan por las **promesas de beneficios** que tu empresa les ha hecho en torno a productos y servicios. Esas promesas constituyen **la base** de la relación comercial. Son un compromiso, una obligación.

Además de que el producto o el servicio funcione de acuerdo con lo estipulado, los clientes también esperan el cumplimiento de **promesas básicas de atención** por el solo hecho de ser personas: Ser tratadas con respeto, cortesía y honestidad.

Éstas también son tus promesas básicas por el hecho de ser un profesional de la atención al cliente. Son tu deber y tu responsabilidad.

Sin embargo, estas promesas no siempre se cumplen y eso hace que **la confianza** de los clientes sea frágil y vulnerable. Es lógico que así sea si muchas veces no les han cumplido y los han desilusionado.

Cuando sientas que un cliente está **predispuesto** frente a ti, y te transmite incredulidad y desconfianza, no lo juzgues ni le reproches esa actitud.

Comprende que los clientes de quienes percibes recelo seguramente **han sido defraudados en muchas oportunidades** por otras personas y empresas. Ellos sienten frente a ti que hay un riesgo latente de que una vez más no le cumplan lo que le prometieron, lo cual no sería una sorpresa.

Si alguno de tus clientes no percibe claramente tu respeto, tu cortesía y tu honestidad, muy probablemente te tratará con sospecha y reconcomio.

Pero si lo atiendes bien, con el profesionalismo y la dignidad que hemos descrito antes, puedes influir positivamente en su predisposición y conquistar su credibilidad y su confianza.

No prometer lo que no puedes cumplir, aunque sea algo minúsculo, es también un gesto básico de respeto, tanto para el cliente como para ti.

Uno de tus retos profesionales más importantes del buen servicio y la buena atención consiste precisamente en conquistar y mantener la credibilidad y la confianza de los clientes. Para lo cual es clave que comprendas la importancia de tus promesas.

28 | Respeta el tiempo de los clientes.

Esto es parte del **respeto básico** que ellos están esperando de ti y de la empresa en la que trabajas.

Irrespetas su tiempo si le prometes que le vas a solucionar sus necesidades o solicitudes en un lapso determinado y no cumples.

Ten la seguridad de que **se sentirán irrespetados** si les dices que lo que debes hacer te va a tomar "un segundo" o "un minuto", pero después resulta ser media hora o más.

Cuidado, la solución no consiste en que le digas que no sabes cuánto se va a demorar solventar su caso. Si eres un excelente profesional de la atención, ya has atendido miles de situaciones similares y tienes una noción cierta de cuánto tiempo puede tomar resolverla. Así que ofrécele esa información.

Comunícale al cliente cuánto tiempo tomará su requerimiento y **hazle sentir** que él tiene el derecho de decidir esperar y no que tú lo estás "obligando" a que espere (repasa la práctica 20, sobre la importancia de ofrecer opciones).

Vale la pena agregar que hay muchos mitos sobre "el apuro" de los clientes. No es cierto que siempre estén apurados. La mayor parte de las veces los clientes sí están dispuestos a esperar por un servicio en un momento dado, pero eso es algo que ellos **quieren decidir** y no que le sea impuesto.

Si llegan a un sitio en el que nadie les da la bienvenida, ni los saluda apropiadamente, ni reciben contacto visual, ni nadie se pone a la orden, los clientes inmediatamente sentirán **temor** por el tiempo en que serán atendidos y **predisposición** hacia las personas que los atiendan.

Igualmente, es un acto de respeto hacia el cliente si le ofreces que mientras atiendes su solicitud, él puede ir a hacer otras diligencias y que no debe esperar ahí, o que tú lo vas a llamar por teléfono en un tiempo determinado cuando su caso esté listo.

No le digas que la atención o la solución de su solicitud van a tomar "un ratico", "un momentico" o "mucho tiempo", porque son expresiones muy ambiguas. Sé un profesional informando y ofrece un tiempo estimado **tan preciso como sea posible**. El cliente se sentirá más respetado, más valorado, más apreciado, y también sentirá que ciertamente conoces mucho de tu trabajo.

29 | Sé "obsesivo" con los detalles.

Los clientes se fascinan cuando eres **esmeradamente** detallista al atenderlos, al brindarles información y al hacerlos sentir bienvenidos a tu puesto de trabajo.

A través de tu esmero ellos pueden apreciar que eres un profesional de primera, que estás al día en tu trabajo, que te gusta atender a las personas y que eres un especialista un tu área de desempeño.

Ser "obsesivo" con los clientes **significa** una permanente **disposición** de iniciativa, previsión, tenacidad y constancia en los pormenores del proceso de atender y servir a las personas.

Cuando eres un profesional esmeradamente detallista, te orientas a anticipar o exceder las expectativas de los clientes, y a darles más de lo que ellos están esperando.

Los siguientes comportamientos son ejemplos de "obsesividad" con los detalles para **anticipar** las necesidades de los clientes o **sobrepasar** sus expectativas:

• No sólo eres puntual, sino que llegas un poco antes.

• No esperas que el cliente te llame por un asunto pendiente. Tú lo llamas antes.

• No esperas a que el cliente se le venza un servicio, sino que lo ayudas a renovarlo con suficiente antelación para que no se perjudique.

• Tienes todos los requisitos al día, anotados y organizados para que no se te olvide ninguno cuando un cliente los necesite.

• Le ofreces a los clientes opciones y alternativas de solución para sus necesidades.

• Le proporcionas información detallada sobre el tiempo que toma el proceso de solución de sus requerimientos.

• Te levantas de tu puesto de trabajo para ir a recibir al cliente y no esperas que llegue hasta ti para darle un saludo de bienvenida.

• Haces contacto visual con él y lo saludas aunque esté a algunos metros de distancia.

En fin, eres "obsesivo" con los detalles cuando sorprendes a los clientes dándole mucha más atención de la que esperan de ti, y cuando no dejas que te hagan "seguimiento" de sus asuntos. Simplemente tú siempre estás un paso antes que él para brindarle buena atención.

30 | Atiende los reclamos con profesionalismo.

Primero debes comprender *el origen* de los reclamos o las quejas de los clientes:

1. Sienten que *no recibieron* la calidad de servicio o producto por el que pagaron (promesas incumplidas). Por lo tanto, están decepcionados y se sienten engañados.

2. Sienten que *han sido tratados* de manera injusta e irrespetuosa. Por ejemplo, los "pelotearon", no respetaron su tiempo, los ignoraron, no los escucharon bien, no les brindaron contacto visual, no les hicieron sentir que eran bienvenidos.

Un cliente que se siente engañado o irrespetado, tiene suficientes razones para molestarse y expresar su malestar sin consideraciones especiales. Así que la forma en la que los clientes expresan su enojo, decepción o frustración, es algo que no debería afectar tu profesionalismo al atender un reclamo.

Un profesional de la atención y el servicio *no dedica ni un instante a juzgar* si el cliente es justo o injusto, o si está manifestando un reclamo de manera "indecente". El cliente no se está expresando "indecentemente" contigo, sino con la empresa que lo ha tratado con indecencia, porque no cumplió sus promesas.

Recuerda también que en atención al cliente todos los trabajadores de una empresa son **embajadores**, y los clientes sólo pueden canalizar sus reclamos a través de los embajadores de la empresa, es decir, a través de ti. Así que su queja no es un asunto personal contigo.

No culpes a otros compañeros de otros departamentos, ni te justifiques porque no tienes más autoridad para hacer algo y ayudar a ese cliente. Tampoco culpes a factores externos (Ejemplo: "El software administrativo no está funcionando bien "), porque para los clientes siempre serán excusas para no atenderlos bien, lo cual los enoja más.

Atender profesionalmente los reclamos supone tener la **madurez personal** necesaria para focalizarte en el contenido, el fondo y el significado del reclamo.

Sólo desde esa posición podrás desempeñarte con arte supremo y **usar toda tu inteligencia** para ayudar al cliente. De lo contrario, terminarás enfrentándote a él y generando un círculo vicioso y creciente de malestar.

31 | No "eduques" a los clientes.

Cuando no somos profesionales de la atención al cliente, tenemos la tendencia a pensar que si una persona es "indecente" o "grosera" expresando sus quejas y reclamos "hay que ponerla en su lugar".

Esta visión refleja:

• Incomprensión sobre el origen de los reclamos de los clientes;

• Desconocimiento de cómo atenderlos de manera profesional en estos casos.

Tu trabajo es **atender bien y ayudar** a los clientes y no tratar de cambiar su personalidad.

En situaciones en las que el cliente está muy molesto por la mala calidad de un producto, de un servicio o por la atención que recibió antes de llegar a ti, y se expresa en forma descortés, la esencia de tu trabajo es **comprender el origen de su molestia** y no juzgar el ánimo con que expresa el malestar.

Si te enfocas en juzgar la personalidad del cliente en ese momento, sus modales o su "falta de educación", vas a perder el foco y desatarás una discusión amarga y estéril.

Si el cliente se siente engañado o maltratado por ti u otro compañero de trabajo, o por tu empresa, **no tiene sentido** que esperes que sea sensato. Si tiene razón o no para estar "tan" molesto lo vas dilucidar después de atender su queja con profesionalismo (antes de ese momento no te servirá de nada).

Mientras ese cliente molesto te expresa su decepción de manera "mal educada", **no lo interrumpas** para decirle que baje la voz, o que no te grite, o que esa nos es una forma "educada" de comportarse. Eso siempre va a empeorar la situación.

En esos casos, el cliente no va a sentir que lo estás ayudando, sino que te sientes superior a él y por eso te atreves a interrumpirlo y exigirle respeto. Así que comenzará a batallar más para defender su orgullo.

A lo mejor se trata de alguien muy educado y tú no sabes exactamente qué fue lo que le hicieron en términos de atención y servicio que **derramó el vaso** de su compostura.

Recuerda, el origen de su malestar es que él se sintió irrespetado y maltratado por tu empresa, y tú eres el **embajador** de la misma (su mejor opción para ayudarlo).

32 | No discutas con clientes irritados.

Atender a clientes irritados es la prueba máxima a tu profesionalismo, porque es el momento en que mejor quedan expuestas tus verdaderas habilidades en este campo.

Cualquiera que sea la razón que originó su malestar, te propongo 5 pasos esenciales en la buena atención de clientes irritados:

1. Permíteles que se desahoguen y no los interrumpas. Escúchalos con atención, respeto y seriedad. Escucharlos así tiene dos ventajas:

Primera: Mientras más expresen su decepción mejor se sentirán al final.

Segunda: Tendrás más tiempo para pensar y usar tu madurez emocional frente a la irritación del cliente.

No dediques ni un segundo en juzgar al cliente. Sólo concéntrate en el trasfondo de lo que te plantea y no caigas en la tentación (comprensible) de huir del momento. Sólo pospondrás la solución y, además, eso hará que el cliente se sienta peor.

2. Cuando él termine de expresarse, ofrécele disculpas.
Esto puede ser muy difícil porque quizás te parezca injusto.
Ofrecer disculpas no significa que aceptas una falla, una cul-
pa, o una conducta grosera. Lo que realmente significa es
que lamentas que el cliente se sienta mal, justificado o no.

**3. Verifica que comprendiste y demuéstrale que lo es-
cuchaste de verdad.** Parafrasea sus argumentos diciendo:
"por favor, déjeme ver si le entendí bien", y pones en tus
propias palabras las razones de su malestar.

**4. Inmediatamente después, exprésale claramente que lo
vas a ayudar.** Explícale lo que vas a hacer de manera detallada. Si es necesario explícale también el detalle de los procesos
y tiempos involucrados en la solución de la situación. Eso ayudará a que sienta cuánto te interesas y te ocupas de él.

5. Al final del proceso ofrécele nuevamente disculpas por
su malestar, dale las gracias por la oportunidad que te dio
de ayudarlo y ponte a la orden de inmediato. Por ejemplo
"¿Hay algo más que pueda hacer por usted?".

Si son tratados con este tipo de profesionalismo, en el 99%
de los casos los clientes terminan muy satisfechos y te ofre-
cerán disculpas por la forma descortés en que inicialmente
te expresaron su descontento.

33 | Aprecia el valor de las quejas.

La gran mayoría de las veces, los clientes decepcionados por una mala atención o un mal servicio no lo expresan. Sin embargo, toman venganza de dos formas: No regresan, y cada vez que pueden hablan mal de ti y de tu empresa.

Así que **cuando se quejan te dan la oportunidad** para no perderlos y para que no se conviertan en promotores de mala imagen y reputación negativa.

Claro, la queja de una persona decepcionada no es algo grato. Si te sientes atacado, insultado o provocado, es humano que quieras escapar del momento. Querrás huir para salir de esa desagradable situación de la manera más rápida y con el menor sufrimiento posible, o querrás pelear para devolver la ofensa y "reparar" tu honor.

En ambos casos, **escuchar y atender las quejas** con profesionalismo y eficacia depende de tu madurez como persona y de tu capacidad para entender que lo que está en juego no es tu ego ni tu orgullo, sino tu profesionalismo.

En atención al cliente, tu trabajo no consiste en poner a los "quejones" en su lugar, sino en comprender el origen de su molestia para que puedas ayudarlo de verdad, con arte supremo, y lograr que la relación con ese cliente sea fructífera.

Escúchalos para comprender bien lo que esperaban y por qué se decepcionaron. Esa información es sumamente importante, porque es el verdadero origen de la queja. Y, además, puede ser la **oportunidad para anticipar** futuros errores y corregirlos, o para hacer mejoras significativas en los productos y servicios que ofrece tu empresa.

Adicionalmente, toma en cuenta dos aspectos de valor estratégico de las quejas:

1. Muchas empresas pagan costosos estudios de mercadeo para descubrir las insatisfacciones de los clientes. Así que cuando se quejan ante ti, directamente y en forma gratuita te brindan una **valiosa información** y te ahorran costos.

2. Los clientes se quejan porque tienen interés en que tú y tu empresa mejoren y quieren **seguir siendo clientes** de ustedes. Cuando dejas de importarles, simplemente dejan de quejarse y te cambian por uno de tus competidores. Así de simple. Por eso es tan importante que aprecies mejor las quejas de tus clientes.

34 "Estimula" las quejas.

Si las quejas de los clientes son una señal de su interés en que mejores para continuar contigo y tu empresa, entonces, estimularlas es una acción de **mucho valor**, aunque te parezca un contrasentido (especialmente si crees que cuando no hay quejas es porque el servicio y la atención están bien).

Ten presente que la mayoría de los clientes que no se sienten bien atendidos no te lo van a decir. Si no los atendiste bien, tienden a pensar: "¿para qué perder su tiempo contigo?"

Además, si no estimulas las quejas, éstas siempre llegan en forma "explosiva", como si abrieras un grifo de agua que tiene mucho tiempo sin ser usado. Pero cuando tienes un **plan para incitar los comentarios** de los clientes y canalizarlos de inmediato, las quejas pierden su tono agresivo, se convierten en sugerencias y en oportunidades de mejoras.

Para estimular estratégicamente los comentarios debes tener la proactividad y el coraje para hacer **preguntas directas** como: "Señor José, ¿qué le gustaría que yo mejorara la próxima vez que nos visite?", o "Señora Luz ¿qué le gustaría que mejoráramos de nuestros servicios y productos?"

Como puedes ver, estas preguntas son muy diferentes a: "¿Qué le pareció el servicio?" o "¿qué opina de este producto?". Estas son muy **ambiguas** y al cliente descontento le resultará fácil salir del paso o no regalarte su tiempo respondiéndote un simple "bien".

Si quieres obtener sugerencias valiosas debes referirte a aspectos muy específicos en las preguntas e insistir en las mismas. Aunque el cliente esté satisfecho, casi siempre habrá algo que cree que puede ser mejor la próxima vez.

Al estimular las quejas, *tu objetivo es obtener respuestas* que sirven para:

1. Conocer las necesidades e insatisfacciones de los clientes en términos inmediatos y sin costo adicional.

2. Identificar errores y defectos recurrentes, que pueden ser resueltos en forma definitiva.

3. Encontrar oportunidades para mejorar o crear nuevos productos y servicios.

4. Estrechar la confianza y la lealtad de los clientes.

35 | Reacciona con arte frente a los errores.

Los clientes no esperan que el servicio o los productos de tu empresa sean perfectos y no fallen nunca. Tampoco esperan eso de ti. Ellos **están dispuestos a aceptar y perdonar** esas fallas si reaccionas profesionalmente cuando ocurren.

Los clientes aspiran legítimamente que cumplas todas tus promesas (Práctica 27), que respetes su tiempo (Práctica 28), que seas "obsesivo" con los detalles (Práctica 29), que atiendas profesionalmente las quejas (Práctica 30) y que actúes con sentido artístico frente a los errores en tu desempeño (Práctica 35).

En los niveles de desempeño artístico más altos existe mucha conciencia acerca de estos aspectos. Se sabe que frente al público, en un momento determinado, no tiene sentido ocultar un error. Pero lo que sí se puede hacer es **estar preparado** para reaccionar de manera profesional cuando ocurra.

Cuando estás atendiendo a un cliente y debes cumplir con varias actividades al mismo tiempo, quizás no le prestes 100% de tu atención a esa persona, pero **ella sí estará 100% concentrada** en todo lo que tú hagas y en el más mínimo de tus gestos. Por eso, cuando hay un error y te esmeras en ocultarlo, es precisamente cuando el cliente más lo nota.

Ese gesto de disimulo, **activa la sospecha** del cliente sobre tus intenciones y honestidad. Es fácil que él se pregunte: "¿Qué está escondiendo y por qué lo hace?".

Por su parte, el artista tiene un sentido integral de su trabajo y ha identificado cuáles son las fallas más frecuentes y los riesgos de que sucedan. Por eso tiene un plan para actuar en correspondencia.

Los artistas de alto nivel no invierten tiempo en tratar de **disimular**. Están preparados y saben qué hacer cuando un error ocurre, lo cual les proporciona más seguridad y honestidad en su reacción.

Para los clientes, **la forma cómo reaccionas** frente a los errores o las quejas, puede llegar a valer más que los propios errores.

En otras palabras, tu actitud frente a las dificultades revela tu verdadero profesionalismo en atención y servicio al cliente, y muestra tu madurez como persona.

36 Cuida tu lenguaje no-verbal.

Ten conciencia de todos los mensajes que puedes transmitir a los clientes **sin decir** una palabra.

Cuando estás cara-a-cara frente a un cliente, lo que dices con tu manera de sentarte o caminar, con los ojos o el volumen de voz **puede tener** más valor que tus palabras.

Tu lenguaje no-verbal está constituido por tus gestos faciales y corporales y por todos los aspectos de forma en tu hablar, lo cual **refleja** para el cliente tus verdaderas intenciones, sentimientos, deseos, pensamientos y estados de ánimo.

Decir "buenos días" no es suficiente. Si sólo es para cumplir un protocolo de trabajo, puedes parecer un robot.

Si caminas o te mueves como en cámara lenta mientras atiendes una situación de emergencia de un cliente, para él significará que **sientes fastidio** de atenderlo.

Si no miras a los clientes a los ojos, ellos pueden sentir que no los valoras lo suficiente, o que no son bienvenidos, o que simplemente no los quieres ayudar. El **contacto visual transmite** interés, presencia y sentido de responsabilidad.

Si les hablas mirando en otra dirección, o mientras revisas unos papeles o te diriges hacia otra persona, pueden sentirse ignorados e irrespetados.

Si tu lenguaje corporal no se corresponde con tus palabras, las personas **pueden "escuchar" lo que NO estás diciendo**.

Tu cuerpo siempre transmite señales sobre tu disposición y actitud de verdadera atención. Por ejemplo, si te reclinas un poco hacia adelante, transmites al cliente "dígame más". Pero si te reclinas demasiado hacia atrás le podrías hacer sentir que comenzaste a perder interés.

Siéntate y camina con rectitud para que transmitas que estás alerta y eres entusiasta. Si te "desparramas" en la silla o te recuestas en la pared, comunicarás lo contrario y generarás muy poca credibilidad y confianza.

El cliente **utiliza** lo que comunicas de manera no-verbal **para evaluar** lo que verdaderamente sientes por tu trabajo y por él.

37 | Mejora tu atención telefónica.

Si la gente dice "el teléfono no me deja trabajar" es porque no comprende su importancia laboral y no ha recibido entrenamiento en el uso profesional de esta herramienta.

Los clientes te llaman desinformados, preocupados, confundidos, inconformes o disgustados, buscando que los atiendas bien y los ayudes, y esto es más difícil de realizar que cuando estás cara-a-cara con ellos, porque sólo tienes la voz para compensar la falta de contacto visual.

Las ***claves no-verbales de la comunicación telefónica*** que más influyen en los clientes y en las que debes poner más atención al atenderlos a través de este medio son:

1. La inflexión y el énfasis: Elevación o atenuación de la voz, al inicio, en el medio o al final de las oraciones, lo que hace que tu voz no suene como un robot, "plana", fría, sin interés.

2. Intensidad emotiva: Cantidad de energía que transmites al hablar y que denota tu estado de ánimo y deseo de ayudar a los clientes.

3. Velocidad: Si hablas muy rápido es más difícil que te entiendan, o pueden pensar que quieres salir rápido de ellos. Y si hablas muy lento pueden interpretar que sientes flojera o fastidio de ayudarlos. Debes adaptarte a la velocidad en la que te hablan los clientes.

4. Ritmo: Es el orden y la proporción de tiempo que tomas entre palabras y frases. Revela que estás verdaderamente concentrado en la conversación con ese cliente y no te distraes con otra cosa.

El ritmo vocal también se refiere al "cantadito" monótono y repetitivo que uno tiene cuando habla con fastidio, hastío o irritación.

5. Volumen: Junto con los aspectos anteriores, el volumen de tu voz transmite valores sobre tu estado de ánimo, tu paciencia, nivel de estrés y de equilibrio emocional con tu trabajo.

6. Respiración: Permite que el cliente respire y sienta que estás presente cuando intercalas en sus pausas frases como: "Lo entiendo" o "por supuesto". De lo contrario creerá que estás distraído o no lo escuchas con interés.

7. Estado de ánimo: Cuando sientes dignidad y gusto por ayudar a los clientes, los músculos de tu rostro se relajan y tu voz se hace más clara, audible y grata. La gente sabe diferenciar bien si la atiendes o no con arte supremo.

38 | Buenas prácticas de atención telefónica.

Para que mejores y mantengas tus habilidades en atención telefónica de los clientes:

* **Graba** algunas de tus llamadas periódicamente y escúchate. Te permitirá evaluar el uso que haces de la voz, según la Práctica 35. También podrás descubrir posibles "muletillas".

* **Cambia** con frecuencia el mensaje de la contestadora de tu teléfono celular y el de la oficina. Te ayudará a refrescar tu imagen.

* Si entras en reuniones largas o cursos, déjalo dicho en tu **contestadora** y avisa cuánto te demorarás y cuándo responderás las llamadas. Te sorprenderás del profesionalismo que sienten los clientes cuando escuchan esto.

* **Repasa** tus asuntos pendientes al comienzo del día, de manera tal que no recibas llamadas con solicitudes que te sorprendan. Recuerda ser "obsesivo" con los detalles (Práctica 29).

* Cuando transfieras llamadas, suminístrale a quien le hiciste la transferencia el nombre del cliente y todos los datos del asunto a tratar, para que el cliente no tenga que **repetir** su historia cuando hable con esta persona.

* **Revisa** tu buzón de mensajes con papel y lápiz para anotar los detalles. Así podrás devolver llamadas de forma más organizada.

* Toma mensajes por escrito, sin excepción. Ahorrarás mucho tiempo. Asegúrate de **apuntar** los datos clave de la persona que llama: Nombre, empresa, teléfono, email, celular y motivo de la llamada. Si por alguna razón no escuchas bien, pide que por favor te repitan la información, y si hace falta, valida que la comprendiste bien.

* Al finalizar las llamadas, **agradece** el tiempo que el cliente te dedicó y espera a que él cuelgue primero. Así evitarás que se quede con la palabra en la boca si no había terminado de hablar.

* Además de generar un espacio de armonía para influir mejor en tus interlocutores, cuando **sonríes** al hablar por teléfono tu rostro se relaja, te concentras mejor, tu paladar blando se ensancha y tu voz adquiere mucha más claridad y energía.

39 | Atención a través de medios "virtuales".

Me refiero al e-mail, a mensajes de textos de celular, páginas web o sitios de redes sociales. Todos estos son medios "virtuales" de atención al cliente que han ganado importancia vital en muchos trabajos.

Ten en cuenta que comunicarse bien y brindar **buena atención por escrito** puede ser más difícil que hacerlo cara-a-cara o por teléfono.

Lo que tú escribes no siempre es lo que tus clientes entienden, ya que es muy difícil que un mensaje escrito tenga las claves no-verbales de la comunicación oral.

Si transmites ciertos mensajes escritos te arriesgas a malas interpretaciones. En tal sentido, **no es recomendable** discutir con los clientes o hacer aclaratorias por escrito. En estos casos es preferible una llamada telefónica o una reunión y, si hace falta, limitarse a escribir los acuerdos. Ganarás mucho tiempo y protegerás tu reputación personal.

Si no tienes otra opción que hacer una aclaratoria por escrito, **no copies** a nadie más en el mensaje, de manera que el cliente perciba que no lo estás acusando con otras personas, y que no te estás cuidando las espaldas. Las discusiones por escrito frente a otras personas suelen desatar intercambios de mensajes interminables e improductivos. Si necesitas notificar del caso a alguien, es preferible que lo hagas en un mensaje aparte.

No asumas automáticamente que escribir o informar por escrito es comunicarse. Siempre pueden ocurrir muchas cosas que impidan que el cliente sepa que le escribiste o que pueda leer tu mensaje.

En muchos casos es mejor que llames por teléfono **antes de escribir**, especialmente en los casos de emergencia, situaciones delicadas o situaciones que requieren atención con urgencia.

Como principio general ten presente que todo mensaje escrito en atención al cliente es un **documento formal**, público, que te compromete y compromete a la empresa que representas. Lo que dices verbalmente no queda plasmado en un soporte, pero lo que escribes sí.

Para profundizar este tema, te sugiero que consultes mi libro "El e-mail en el trabajo". (http://tinyurl.com/4jte3w)

40 | No "etiquetes" a los clientes.

Por "etiquetas" me refiero a la extensa variedad de **adjetivos calificativos** que les damos a los clientes y en los que nos quedamos "enganchados". Por ejemplo: "cliente fastidioso", " difícil", " grosero", " mentiroso", "mala paga", "malagradecido", o "mal educado".

Las etiquetas funcionan como una especie de juicio con el que **encasillamos** a las personas y a las situaciones, según una sola característica de su carácter, comportamiento o condición en un momento determinado.

Cuando etiquetas a una persona en cierta forma la **condenas** a que supuestamente tiene una sola forma de ser. La condenas también a que aparentemente no puede cambiar. Y, peor aún, te condenas tú al auto-convencimiento de que no puedes hacer nada para influir en ella (creo que vale la pena que repases la Práctica 10).

Todos etiquetamos y recibimos etiquetas durante toda la vida. Se ha convertido en una especie de hábito. Pero sus **consecuencias** en la atención al cliente siempre son **negativas**:

1. Las etiquetas hacen que tus comunicaciones se basen en prejuicios, lo cual disminuye tu creatividad para brindar buena atención.

2. Las etiquetas funcionan como una **barrera** que dificulta que veas otros atributos y virtudes en las personas o en las situaciones.

3. Las etiquetas **impiden** que identifiques otras opciones o alternativas de solución a las solicitudes y necesidades de los clientes.

Las etiquetas te vuelven inflexible y sus efectos negativos son tan fuertes, que hasta las etiquetas "positivas" pueden ser dañinas. Por ejemplo, si etiquetas a un cliente como "tranquilo", el día que lo encuentres inconforme o disgustado con tu servicio te será difícil entenderlo.

En muchas ocasiones, un proceso de mala atención tuvo su origen en la **falta de madurez** profesional para no etiquetar a un cliente.

Etiquetamos a las personas de manera **inconsciente**. Por eso puede resultarte muy útil que otra persona te ayude indicándote si en un momento determinado estás "trancado" frente a un cliente o situación porque estás "enganchado" en una etiqueta.

Las etiquetas **desgastan** tu capacidad creativa para abordar retos y crecer como persona.

41 | Usa el manual o las normas para ayudar.

No utilices las políticas, manuales y normas de la empresa como excusa para no atender bien y ayudar a los clientes.

Los clientes se sienten muy **frustrados** cuando les citas las normas para justificar que "no puedes hacer nada". Recuerda que **siempre** puedes ayudarlos (repasa la Práctica 4).

A los clientes no les interesa lo que no puedes hacer. Por eso se decepcionan cuando les dices:

* "Lamentablemente no podemos hacer eso..."

* "Esa no es nuestra política..."

* "Las normas de la empresa no me permiten hacer eso..."

* "Eso no es en este departamento y no me corresponde..."

* "Me encantaría ayudarle, pero realmente no puedo..."

Las empresas crean normas **buscando asegurar** que los clientes reciban excelentes productos y servicios de alta calidad.

Sería realmente muy extraño y motivo de preocupación si en tu empresa existieran normas que prohíban atender bien, servir con plenitud o ayudar a los clientes (creo que en este momento es oportuno que repases las Prácticas 3 y 21).

Si eres un excelente profesional de la atención, **debes estudiar** concienzudamente el origen y el verdadero alcance de las normas escritas de tu empresa (si las tiene), de manera tal que puedas usarlas para ayudar a los clientes. De lo contrario terminarás repitiendo como un loro supuestas prohibiciones.

Utilizar los manuales o las normas de tu empresa como **una guía para brindar excelente atención** es un reto a tu inteligencia y creatividad.

No las utilices mecánicamente, como si fueras un robot, o simplemente para "sacudirte" a los clientes y salir rápido de ellos. Así sólo lograrás convertir la relación con tus clientes en momentos desagradables y de mucha frustración profesional.

42 | Deja de saludar mecánicamente.

En la atención al cliente el saludo es un **vínculo inicial fundamental**, que afecta y determina hacia dónde irá el proceso de interacción. Así de importante es.

Muchas personas saludan mecánicamente con preguntas del tipo "¿cómo estás", "¿cómo te va?", o "¿cómo te ha ido?". Pero la mayor parte de las veces lo hacen como una formalidad y no les importa la respuesta. Saludan como un acto automático e inconsciente de su valor.

Aparentemente es un instante intrascendente, pero **el saludo revela** tu estado de ánimo y tu verdadera actitud hacia la persona saludada.

Además, el saludo satisface una necesidad básica de ser reconocidos. Razón por la cual nos afecta negativamente el estado de ánimo cuando somos ignorados por personas de quienes necesitamos su servicio.

Los profesionales de la atención están conscientes de la mecanización en la que se ha convertido el gesto de saludar. Por eso no saludan con preguntas para saber cómo está el cliente, sino con expresiones que le **hacen sentir** que es bienvenido y que está siendo atendido con gusto y sin fastidio.

"Buenos días, bienvenido. Gracias por visitarnos; pase adelante" es un buen ejemplo de un tipo saludo diferente, que busca ejercer una **influencia positiva** en la persona que comienzas a atender.

Cuando simplemente dices: "¿cómo está usted?" o "¿cómo le va?", repites expresiones genéricas que se utilizan **por rutina**. De esta manera el destinatario de un saludo rutinario no sentirá que te da gusto recibirlo y atenderlo, sino que lo saludas solamente por cumplir con una convención y lo haces como un autómata.

Al ser un artista de la atención al cliente debes estar consciente de la oportunidad que brinda el saludo para **comenzar la interacción** con las personas. Con un apropiado saludo les puedes hacer sentir que estás alerta, despierto, que te da gusto atenderlas, que eres "obsesivo" con los detalles y que te ocupas conscientemente de que se sientan bienvenidas a tu trabajo.

Brindar un saludo cordial, auténtico y diferente a cada cliente es uno de tus retos profesionales más importantes, porque te obliga a concentrarte en las personas (por favor, refresca la Práctica 11).

43 | Ejercita cambios de saludo.

Saludar a los clientes de maneras diferentes es la **oportunidad para espabilarte** y sorprender positivamente a los clientes.

Cuando ejercitas cambiar de saludo, retomas el control de tu capacidad comunicativa y adquieres más energía para emprender el proceso de atención a otro cliente.

Es decir, ejercitar el cambio de saludo es una estrategia para **rescatarte** de la mecanización crónica del comportamiento que produce las rutinas laborales inconscientes.

Existen saludos que **transmiten** con más claridad el gusto de atender y que se diferencian de las estereotipadas preguntas: "¿Cómo estás?", "¿cómo le va?", o "¿cómo está usted?". Los siguientes son sólo algunos ejemplos de "cambio de saludo":

—Hola, que gusto verle.

—Buenos días. Gracias por visitarnos ¿En qué le puedo servir?

—Bienvenido. Pase adelante.

—Nos da mucho gusto verlo de nuevo. Gracias por estar aquí.

—Hola. Bienvenido. Nos da gusto su visita.

—Gracias por visitarnos nuevamente. Adelante. Nos agrada tenerlo con nosotros.

Es probable que cuando comiences a ejercitar cambios de saludo sientas que éstos no son "naturales" para ti. Es difícil que lo sean si toda la vida has estado saludando con las mismas **preguntas rutinarias**. Ten la seguridad que después de practicarlos te resultarán muy productivos y llegarán a ser más espontáneos.

Usa los ejemplos de saludo anteriores como una base inicial. Después realiza tus propias combinaciones. **Crea tus propios saludos** de acuerdo a cada cliente, al momento y a tu trabajo.

El objetivo de cambiar de saludo es que dejes de hacerlo mecánicamente, sin vida y como si te diera mucho trabajo hacerlo.

Ejercita cambios de saludo para regalarte la oportunidad de **reconectarte** con lo mejor de ti. Deja de saludar por saludar. Saluda para influir y hacer la diferencia para esa persona que vas a atender.

44 | Trata a los clientes por su nombre.

El nombre de las personas es el elemento esencial de su *identidad*. Por eso el resultado de tratar a alguien por su nombre puede hacer la diferencia en cualquier proceso de comunicación interpersonal.

Usar el nombre de tus clientes es una práctica de alto nivel profesional porque significa que estás **concentrado** en ellos como personas. De lo contrario, los tratarás simplemente como un número, una factura, un presupuesto, una cuenta por cobrar, un asunto pendiente, una queja o un "problema": Puras etiquetas... (Práctica 40).

Influyes mejor cuando tratas a las personas como seres humanos. Cuando las tratas por su nombre, es como si escucharan la música que más les gusta, porque sienten que de verdad estás pendiente de ellos, los respetas, los aprecias y no te da fastidio ayudarlos.

Por favor, si conoces su nombre, úsalo. Si en tu trabajo tienes que consultar su documento de identidad o tarjetas, aprovecha para conocer y utilizar su nombre.

Si no sabes su nombre, salúdalo, preséntate y **pregúntaselo**: "Hola, buenos días. Mucho gusto, soy Juan Carlos Jiménez

¿Cuál es su nombre?". Después de que lo sepas úsalo activamente, cada vez que puedas.

Conocer el nombre de los clientes y utilizarlo es uno de los aspectos esenciales de la buena atención al cliente que menos se pone en práctica. Es muy probable que sean las rutinas laborales inconscientes lo que te lleven a olvidar u obviar algo tan importante.

Estar pendiente de conocer y utilizar el nombre de los clientes es un buen antídoto para la mecanización de la actitud que producen las rutinas del día a día.

No se trata simplemente de un "detalle". Es un acto de **consistencia** básica si eres un profesional con un nivel artístico de desempeño en la atención y el servicio.

Saludarlos de manera adecuada y tratarlos por su nombre son dos condiciones indispensables ***para que tu trabajo brille*** y te mantengas conectado positivamente con las personas que atiendes.

45 | Conoce más a tus clientes.

En el momento de atender a las personas, mientras más las conozcas más posibilidades tendrás de **influir positivamente** en ellas (Práctica 10) y atenderlas de manera artística.

Dependiendo de tu función laboral específica, contarás con más o menos facilidades para conocer a los clientes. Por ejemplo, si trabajas de cajero en un Banco es probable que tengas acceso a los documentos de identidad del cliente y puedas ver su nombre. Pero si éste no es tu caso, simplemente preséntate y pregúntale su nombre.

Si trabajas en un Centro de Atención Telefónica ("Call Center"), en el departamento de mercadeo o en alguna de las áreas administrativas de tu empresa, también es probable que puedas conocer más datos sobre los clientes. Pero **la utilidad** de esa información depende de que tú decidas usarla y de que estés consciente de la importancia y la forma de hacerlo.

En cualquier caso, si conoces más sobre la vida de las personas que atiendes, tendrás más chance de brindarles mejor atención y servicio. Si conoces más sobre sus **gustos y opiniones** podrás anticipar mejor sus necesidades y sorprenderlos positivamente. Si conoces más sobre sus *preferencias o las necesidades* que quieren satisfacer, entonces podrás atenderlos con arte y de manera asertiva.

Por favor, permíteme hacer referencia a un ejemplo que uso en mis cursos: Si una persona quiere comprarte un taladro y tú ignoras la importancia de **conocer más a los clientes**, es muy probable que sólo le preguntes a esa persona "¿qué tipo de taladro quiere?". De lo contrario la pregunta que debes hacer es "¿en qué tipo de pared va a usar el taladro y qué tamaño de hueco usted necesita abrir?".

Ese cliente en realidad lo que está tratando de satisfacer es *una aspiración* diferente a la del taladro. Quizás necesita reparar la ubicación de un estante o necesita colgar una lámpara o un espejo, o está redecorando su sala. El taladro es sólo un instrumento.

Si tratas a la persona únicamente como un comprador, es más difícil que logres atenderlo bien. Pero *si tratas a ese cliente como un ser humano*, harás las preguntas y los comentarios necesarios para conocerlo y comprender mejor lo que realmente está buscando.

46 | Pecados capitales en la atención al cliente.

Aunque pudieran parecer demasiado obvias, son siete prácticas muy frecuentes de mala atención que detonan la decepción y el malestar de los clientes:

1. Cuando **no cumples** lo que prometes.

2. Cuando irrespetas **su tiempo** y haces que lo pierdan.

3. Cuando los tratas con **desinterés**, frialdad, flojera o fastidio.

4. Cuando actúas **mecánicamente**, sin esforzarte por escucharlos bien y comprender de verdad sus necesidades.

5. Cuando te **excusas** para no ayudarlos responsabilizando a otros compañeros u otros departamentos.

6. Cuando los atiendes como si quisieras **salir rápido** de ellos y que "te dejen en paz".

7. Cuando los **descalificas** como personas o clientes, de manera directa, con etiquetas y prejuicios, o indirectamente a través de gestos y mensajes no-verbales.

Cualquiera de estos pecados por sí solo tiene suficiente impacto negativo para hacer que los clientes **se molesten** de manera extrema.

Sin embargo, no son pocas las veces que los clientes son víctimas de varios de estos pecados de manera simultánea y por parte de varios empleados de la misma empresa.

Observa estas prácticas como si fueran los condimentos más importantes de un banquete de **mala atención**. Mientras más pecados de éstos cometas, más molesto se sentirá el cliente, y tú te sentirás igual o peor con su reacción.

Si llegas a equivocarte, no te preocupes. Lo más importante es que te ocupes de reaccionar con arte cuando cometas algún error. En este sentido, te conviene volver a leer la Práctica 35.

47 | Sustituye la palabra "problema".

Los actos de atención al cliente son **actos de comunicación**. Por eso es tan importante que prestes atención a tu lenguaje y a los mensajes que transmites. Ellos son tus principales herramientas de trabajo.

Hay palabras que levantan barreras en la comunicación interpersonal, desatan prejuicios y dificultan tu labor. Son expresiones que se han convertido en **muletillas**. Se dicen de manera inconsciente o "inocente", pero su influencia comunicacional es negativa.

Una de ellas es la palabra "problema", la cual usamos como un término genérico para todo lo relacionado con la atención al cliente, el trabajo en general o las relaciones con el mundo.

En términos prácticos, la palabra "problema" se ha convertido en **una etiqueta que impide** darnos cuenta de cuáles son las verdaderas necesidades de los clientes.

Cuando un cliente te hace un requerimiento, una pregunta, o te plantea una queja, tu mente funcionará de manera distinta si tratas esos asuntos como lo que son y no como "problemas". Si los asumes como "problemas" siempre te será más difícil encontrar **soluciones**, porque estarás concentrado en las connotaciones negativas de las solicitudes o planteamientos que te hagan.

Evita etiquetar negativamente a la gente y a la situación que atiendes. **Llama a las cosas por su nombre**, por lo que realmente son y abórdalas en correspondencia.

En vez de utilizar la palabra "problema", prueba con estos otros términos cuando correspondan: situación, caso, asunto, necesidad, solicitud, pregunta, reto, oportunidad, compromiso, circunstancia, opinión, exigencia, molestia, decepción, proposición, apuro, requerimiento, condición, queja, reclamo, planteamiento, dificultad, etc.

Además, **a los clientes no les gusta** que los traten como "problemas". Ellos sienten que eso es irrespetuoso y desconsiderado.

Al sustituir "problema" por palabras cuyos significados son más precisos y adecuados, te beneficias de hacer un esfuerzo intelectual que potencia **tu inteligencia**, te permite rescatar el control de tu lenguaje y producir soluciones más creativas.

48 | Exprésate con más disposición de ayudar.

Los clientes están muy pendientes de tu manera de trabajar, porque ella *revela* la visión que tienes de la atención y el servicio.

Igual hacen con tu **vocabulario**. No pienses que se trata de simples expresiones. El poeta británico Samuel Johnson lo plantea de esta manera: "El lenguaje es el vestido de los pensamientos." (http://bit.ly/awoFIQ).

Los términos que utilizas para atender a las persona, expresan lo que piensas sobre ellas.

Si no tienes claridad de que tu trabajo consiste en ayudar, como te dije en la Práctica 3, es difícil que te comprometas con los clientes. Sin compromiso, tus expresiones se llenarán de **ambigüedades** como: "Un momentico", "un segundito", "ya va", "espere un momento", o "ya lo atiendo".

Estos mensajes son confusos y evasivos para los clientes. Ten presente que la ambigüedad de estas frases pueden hacer que el cliente *interprete o sienta* que te da fastidio o flojera ayudarlo, o que eres descuidado o indiferente con tu trabajo (y con él).

Los clientes prefieren palabras más **precisas**, con las cuales sienten claramente que realmente tienes deseo, interés, disposición y gusto de atenderlos.

Expresiones como "inmediatamente lo atiendo", "enseguida estoy con usted", o "ahora mismo voy", son más **específicas** y propias de un profesional de la atención al cliente.

Reflejas más voluntad de servicio y atención cuando le respondes a un cliente "claro que sí", "con gusto", "será un placer", "por supuesto", o "en seguida", que cuando le dices la ambigua y común expresión "sí, como no".

Si dejas de usar la expresión "sí, como no" y la sustituyes con otras que transmiten mucha más **disposición** de ayudar, ejercitarás tu lenguaje, tu inteligencia y tu creatividad, a la vez que le transmitirás mejor a tus clientes que sientes dignidad por tu trabajo.

Siempre ten presente que lo que dices y la manera de decirlo impacta significativamente tu forma de pensar y actuar. El lenguaje no es inocente.

49 Deja de decir "lamentablemente".

Éstas son algunas de las frases que se han generalizado para decir "educadamente" a los clientes que **no** los van a ayudar:

—Señor Pedro, <u>lamentablemente</u>, no tenemos ese producto.

—Estimado cliente, <u>lamentablemente</u> no podemos hacer nada por usted.

—<u>Lamentablemente</u> nuestras normas y procedimientos no nos permiten hacer eso.

—Quisiéramos ayudarle, pero, <u>lamentablemente,</u> no está en nuestras manos.

Los clientes saben que cuando les dicen "lamentablemente" significa que la gente y las empresas "tiraron la toalla" y se rindieron por no comprender que *la esencia de la atención al cliente es ayudar* (idea desarrollada en las 5 primeras prácticas de este libro).

Ayudar a los clientes es un tipo de compromiso que requiere un *coraje superior*, inclusive para recomendar a un competidor que tiene la posibilidad de brindar a tu cliente lo que tú no puedes en un momento dado.

Lamentar una situación negativa y triste, no tiene nada que ver con lo que significa utilizar la expresión "lamentablemente" como excusa o justificación de la mediocridad y la falta de valor.

Si asumes el fascinante **reto intelectual** de dejar de decir "lamentablemente", te das una enorme oportunidad para desarrollar tu inteligencia y creatividad, con lo cual mejorarás en lo inmediato tus habilidades de comunicación y la calidad de atención que das a tus clientes.

El reto NO consiste en buscar sinónimos más o menos "elegantes". Si niegas atención a los clientes, ninguna palabra resultará suficientemente justificativa o "refinada, ni te hará quedar bien después de rehusarte a ayudar.

Tu mejor alternativa para dejar de pensar y actuar en términos de "lamentablemente" y hacer la diferencia con los clientes es: **Enfócate 100%** en lo que puedes hacer y en lo que está a tu alcance para brindar ayuda, buena atención y servicio.

Por favor, relee las Prácticas 20 y 21.

50 | Sé agradecido.

Dar las gracias a los clientes por su preferencia no es una técnica de atención al cliente, sino un gesto de **nobleza, conciencia y humildad** de tu parte que sólo funciona si eres sincero y auténtico (Práctica 14).

Ser agradecido con los clientes también es una manera de refrescar la importancia y el valor que tienen para ti. Te ayuda a mantenerte alerta y a concentrarte en las personas (dos de los retos más difíciles de la buena atención al cliente).

Al principio y al final del **proceso de interacción** con los clientes puedes dar "gracias por visitarnos", "gracias por venir", "gracias por estar con nosotros", "gracias por estar aquí", "gracias por llamarnos", "gracias por tomar el tiempo para escribirnos", "gracias por permitirme ayudarle", o hasta "gracias por plantearnos su reclamo y darnos la oportunidad de atenderlo mejor".

Desde esta perspectiva de "gratitud consciente", tu actitud y tus mensajes hacia el cliente reflejan más profesionalismo y **disposición** de servicio, comportamientos que él agradecerá de manera especial.

Un alto sentido de gratitud hacia los clientes te permite recordar que ellos son **la fuente** de tu puesto de trabajo y la base fundamental de cualquier empresa u organización social.

Ser agradecido te conecta con la humildad necesaria para focalizarte en atender dignamente a las personas. No me refiero a humildad como sinónimo de timidez o sumisión, sino de respeto y dedicación hacia la gente.

Recuerda que cuando sientes **dignidad** en el acto de atender bien y ayudar a alguien reafirmas tus capacidades como ser humano.

Ser auténtico cuando eres agradecido también contribuye a que los clientes crean y confíen más en ti.

Expresiones como "gracias por su visita; vuelva pronto", dejan las puertas abiertas a **tu futuro** y te ayudan a cultivar una relación de largo plazo con tus clientes.

Reflexiones finales.

Muchas empresas, organizaciones sociales e instituciones del Estado no saben qué pueden hacer para que la formación que le dan a su personal sobre atención al cliente *rinda más*. Sienten que buena parte de la inversión que hacen en este sentido no logra los objetivos que buscan.

Los cursos y talleres sobre la materia suelen tener *efectos efímeros*. La mayoría de los participantes en esos entrenamientos regresan a sus puestos de trabajo con mucho entusiasmo, pero esa emoción por lo general les dura muy poco tiempo.

Las causas de esta situación son diversas y se relacionan con las particularidades de cada organización. Pero hay 3 razones que siempre consigo en todos los casos en los que he trabajado en los últimos 20 años:

Primera razón: el entrenamiento sobre atención al cliente suele ser muy poco e inconstante.

Es un tema tan subestimado que ni siquiera las instituciones educativas lo incluyen en sus programas de estudio, a pesar de que en la sociedad siempre se menciona como un asunto cultural de importancia vital.

El enfoque tradicional de la formación organizacional no prevee el entrenamiento constante en atención al cliente. Por ello he insistido en este libro en el modelo del arte como un buen ejemplo a seguir: La formación nunca se detiene y el ensayo tampoco (la práctica y el entrenamiento).

Segunda razón: el enfoque de los entrenamientos enfatiza la atención al cliente como un asunto de técnicas y de actitud.

Sin duda son aspectos muy importantes, pero no son las bases de la buena atención al cliente. La actitud y las técnicas son una consecuencia de los valores que se tienen sobre este trabajo y la visión de futuro sobre el mismo.

Tercera razón: Las organizaciones no suelen ser muy coherentes ni consistentes aplicando con sus propios miembros (sus clientes internos) los mismos principios que les exigen a éstos para atender a los clientes externos.

Esta falta de consistencia termina traduciéndose en un abordaje de la atención al cliente con iniciativas superficiales y sin continuidad. Lo cual determina que las organizaciones no cultiven en el tiempo un mayor profesionalismo en el área.

¿Qué les propongo para que los entrenamientos sobre atención al cliente sean más sustentables en el tiempo?

Los siguientes lineamientos estratégicos:

Primero: La atención al cliente debe asumirse como un asunto de la *cultura* de la organización. Esto significa que es un componente fundamental de la misión y la visión organizacional.

La cultura organizacional está constituida por el conjunto de comportamientos diarios más frecuentes por parte de sus miembros. Por tanto, la cultura organizacional se forma aunque exista o no un plan para ello, y sus líderes estén o no conscientes de este aspecto.

Así pues, las organizaciones siempre tienen la oportunidad de fomentar una cultura orientada a dignificar y premiar la buena atención y el buen servicio al cliente. Pero esta visión requiere de un plan de acción concreto para sembrar la cultura *deseada*, cosecharla y mantenerla en el tiempo.

Segundo: Los responsables fundamentales de la cultura de la organización son sus *principales líderes*. Ellos son los protagonistas estelares de la cultura organizacional, de su formación y mantenimiento.

Los directores, vicepresidentes y gerentes deben encabezar todas las iniciativas de formación en atención al cliente. Sólo así comprenderán la necesidad estratégica en su negocio de un modelo de **liderazgo servidor** que perfile eficazmente valores cotidianos de buena atención.

Tercero: El entrenamiento en atención al cliente debe ser **parte de la operación diaria**. De esta manera la organización garantiza la formación de buenos hábitos (cultura) y su conservación y consolidación en el tiempo.

Los entrenamientos aislados y esporádicos no desarrollan "músculos de servicio y atención". Es lo mismo que ocurre si uno va al gimnasio o hace ejercicios sólo de vez en cuando: no obtiene buen estado físico sustentable.

Hacer gimnasia de los valores que caracterizan la buena atención al cliente es un método más estratégico y eficaz que el tradicional enfoque de la "ampolleta" de motivación y conocimientos que se suele perseguir con la realización de charlas, cursos y talleres aislados.

En este sentido, en la primera parte de este libro hay un capítulo titulado "¿Por qué 50 prácticas?". Aspiro que las mismas te sirvan de guía para incorporar un método sencillo de entrenamiento artístico a tus actividades diarias.

Sí, éste es sólo un esbozo general de 3 lineamientos estratégicos que considero indispensables para sacarle el máximo provecho a la inversión en formación del talento sobre atención y servicio al cliente.

Los detalles prácticos de estos lineamientos dependen de cómo cada organización adapte y amplíe estas ideas, de acuerdo con sus características y condiciones específicas.

Concluyo este libro esperando que sea verdaderamente útil y una fuente de consulta para tu diario quehacer. Muchas gracias por tu tiempo en leerlo. También te estaré agradecido si me escribes tus comentarios sobre la experiencia que has tenido con este texto.

Juan Carlos Jiménez
jucar@cograf.com
Diciembre, 2010

A manera de epílogo

Tomando en cuenta su amplia experiencia profesional en diversas empresas de servicio, le pedí a mi estimado amigo Alexis Pérez un comentario sobre este libro y me ha proporcionado esta interesante reflexión que me pareció oportuno compartir con todos ustedes para el final de esta publicación:

"Yo no creo en el buen servicio"

No creo en el buen servicio como no creo en un "buen santo", o en un "buen milagro". Un santo sólo puede ser bueno, tal como debe serlo un milagro. Es del mismo modo que el servicio sólo puede ser bueno. Si no lo es, tampoco es servicio. Sería otra clase de relación, otro tipo de contacto entre un cliente y quien le atiende, pero no podría, ni debería, calificarse como un servicio.

Darle gradaciones al servicio lo convierte en algo relativo, lo disminuye para convertirlo en una categoría imprecisa.

A lo largo de mi experiencia en el ámbito corporativo he pasado horas en grandes empresas nacionales y multinacionales viendo de cerca el desempeño de su personal frente a las necesidades de los clientes y ante a las obligaciones derivadas de su puesto de trabajo.

Se limitan, casi exclusivamente, a "atender" al cliente, pero no a servirle. Y eso ha deteriorado de manera significativa la experiencia de los clientes. Ha demolido casi por completo ese templo sagrado que se construyó sobre la idea de generar una relación de confianza y cercanía con quienes son el sostén de toda iniciativa comercial o empresarial.

Un cliente no quiere que le vendan algo. No quiere comprar algo. Sólo quiere satisfacer una necesidad y obtener las ventajas o beneficios que se derivan de esa decisión. Prestar un servicio es hacer realidad esa exigencia de forma agradable y provechosa.

Sin embargo, eso no siempre se logra. Pocas empresas han comprendido cabalmente el verdadero significado del servicio y eso se revela incluso en sus propios manuales en los que hablan de "buen servicio".

Tampoco han comprendido completamente la enorme responsabilidad que reposa sobre los hombros de su personal, especialmente en el equipo encargado de las ventas.

Invierten poco en su formación, lo remuneran deficientemente, lleva un pésimo o ningún sistema de seguimiento de su desempeño y, sobre todo, carecen de adecuados sistemas de premiación que estimulen la excelencia en quienes tienen relación directa con los clientes.

Este libro, fruto de la inestimable experiencia de Juan Carlos Jiménez, se sumerge en este tema y nos presenta, con la humildad y sencillez de un maestro comprensivo, conceptos, ideas y descubrimientos de enorme trascendencia.

Resume en 50 prácticas lo esencial sobre el tema y lo matiza con los hallazgos que ha recopilado en su dilatado recorrido por el desafiante mundo del servicio al cliente.

Se pasea Juan Carlos por lo obvio, por lo esencial, por los pasos sencillos, por lo cotidiano que hay en la experiencia que se tiene frente a un cliente.

No intenta convertir el servicio en una ecuación llena de complicaciones sino que, por el contrario, lo condensa en su expresión más pura: (1) el servicio lo prestan personas, (2) el servicio se le presta a personas y, en resumen, (3) es algo que ocurre entre personas. De eso se trata todo.

Creo que la contribución que este texto puede brindar al perfeccionamiento del trabajo de quienes prestan un servicio es inestimable, y lo hace de forma tan didáctica y agradable que estoy seguro de que el lector lo acogerá de inmediato y pondrá en práctica su contenido.

Quizás descubra que no es magia ni adiestramiento lo que hace la diferencia cuando se presta un servicio, sino el compromiso que todo ser humano debe tener con lo que hace y con aquellas personas a quienes sirve.

Alexis Pérez

Bibliografía

ALBRECHT, Karl (1998). *Servicio al cliente interno*. Madrid: Ediciones Paidos Ibérica.

BALLARD, Jim; FINCH, Fred (2005). *Clientemanía. Nunca es demasiado tarde para construir una empresa centrada en el cliente*. Caracas: Grupo Editorial Norma.

BECKWITH, Harry (2005). *Enamore a sus clientes*. Caracas: Ediciones Urano.

BLANCHARD, Ken (2008). *Saber y hacer*. Caracas: Grupo Editorial Norma.

BLANCHARD, Ken; BOWLES, Sheldon (2005). *Clientes incondicionales ("Raving fans")*. Bogotá: Grupo Editorial Norma.

BRINKMAN, Rick; KIRSHNER, Rick (2006). *Amarás a tus clientes*. Madrid: Ediciones Empresa Activa.

CAPODAGLI, Bill (2006). *The Disney Way. Harnessing the management secrets of Disney in your company*. USA: McGraw-Hill.

CARNEGIE, Dale (2010). *Cómo ganar amigos e influir en las personas*. USA: Vintage (Randon House).

CIALDINI, Robert; GOLDSTEIN, Noah; MARTIN, Steve (2008). *¡Sí! 50 Modos comprobados científicamente para ser persuasivo*. Madrid: Lid Editorial.

CRAVEN, Robert (2003). *El cliente es el Rey*. Barcelona: Ediciones Gestión 2000.

ELIAS, Joan (2000). *Clientes contentos de verdad. Claves para comprender a clientes y a usuarios.* Barcelona: Ediciones Gestión 2000.

HEWARD, Lyn (2006). *La magia: Una historia sobre el poder de la creatividad y la imaginación.* Madrid: Empresa Activa.

JIMENEZ, Juan Carlos (2008). *El valor de los valores en las organizaciones.* Caracas: Cograf Ediciones.

JIMENEZ, Juan Carlos (2010). *Amplía tus oportunidades. Paradigmas de la motivación personal.* Caracas: Cograf Ediciones.

KINNI, Ted (2003). *Be our guest: Perfecting the art of customer service.* USA: Disney Editions.

LUNDIN, Stephen; PAUL, Harry; CHRISTENSEN, John (2001). *Fish.* Barcelona: Ediciones Urano.

MITCHEL, Jack (2008). *Abrace a sus clientes.* Caracas: Norma.

SEIDMAN, Dov (2007). *How: why how we do anything means everything... in business (and in life).* New Jersey: John Wiley & Sons.

Sobre el autor

Juan Carlos Jiménez comenzó su experiencia profesional en 1978 como diseñador gráfico. Desde entonces se ha desempeñado como director creativo en empresas editoriales, medios de comunicación impresos, estudios de diseño y agencias de publicidad.

En 1990 fundó Cograf Comunicaciones, en donde se dedica al diseño y ejecución de proyectos de identidad de marcas, imagen corporativa, mercadeo y ventas, atención al cliente y estrategias de comunicación corporativa.

Desarrolla programas de asesoría y formación profesional, dirigidos a promover cultura de atención y servicio al cliente y construcción de equipos de trabajo de alto desempeño, basados en valores de excelencia personal.

Es autor de los libros Negocios.com; Mercadeo.com; El e-mail en el trabajo, El valor de los valores en las organizaciones, Amplía tus oportunidades, Arte Supremo, y Aprende con eficacia.

También es co-autor de las publicaciones especiales sobre atención y servicio al cliente: El arte supremo de la atención al cliente; Atiéndame bien; y Trabajar y disfrutar en equipo.

Ha sido profesor invitado de diversas universidades venezolanas sobre mercadeo, comunicaciones estratégicas e Internet.

Constantemente comparte sus ideas y recomendaciones sobre atención al cliente, ventas y planificación estratégica en numerosos talleres, conferencias y eventos corporativos en toda Venezuela.

Publicaciones de Cograf Comunicaciones

Aprenda con Eficacia. Mejora la asimilación y la retención.

Amplía tus oportunidades. Paradigmas de la motivación personal.

El valor de los valores en las organizaciones.
(3ra Edición: Octubre 2010)

El e-mail en el trabajo. Manual de Supervivencia.
Soluciones y Consejos.

Mercadeo.com. Apuntes prácticos sobre imagen, mercadeo y ventas
para empresarios y gerentes. (2da Edición: Septiembre 2007)

Un mensaje a García. La fuerza del compromiso y la responsabilidad.

www.libroscograf.com

Cograf Comunicaciones

Brindamos apoyo a empresas y organizaciones sociales para que promuevan internamente valores relacionados con responsabilidad individual, excelencia personal, atención y servicio al cliente, comunicación interpersonal, trabajo en equipo, visión de futuro y gerencia del cambio.

Sobre estos temas ofrecemos conferencias, seminarios, talleres, programas de entrenamiento, coaching gerencial, eventos corporativos y diseño de reuniones especiales, a la medida de las necesidades y condiciones de nuestros clientes.

Si desea adquirir ejemplares adicionales de nuestros libros para distribuirlos en su empresa o entre amigos y colegas, ofrecemos descuentos significativos por volumen.

También realizamos ediciones especiales de estos libros, en las que se incorpora el logotipo de su empresa en la portada y un mensaje especial de su organización, firmado por sus directivos o representantes.

Contáctenos:
Cograf Comunicaciones
Av. Fco. de Miranda con Av. Ppal. de Los Ruices,
Centro Empresarial Miranda, Piso 1, Ofic 1K,
Los Ruices, Caracas 1070, Venezuela.
Telf.: (+58 212) 239-5864 / 237-9702.
E-mail: jucar@cograf.com - www.cograf.com

www.cograf.com

www.cursoscograf.com

www.libroscograf.com

www.internetips.com

www.folletoweb.com

cograf.wordpress.com

twitter.com/cograf

www.elvalordelosvalores.com

www.ampliatusoportunidades.com

www.artesupremo.com

www.ingramcontent.com/pod-product-compliance
Lightning Source LLC
Chambersburg PA
CBHW060045210326
41520CB00009B/1278